Fritz Birk, Gerhard Kühn, Karl Lutz

Vorbereitung
auf die Mündliche Prüfung

Kaufmann/Kauffrau im Einzelhandel
Verkäufer/Verkäuferin

Fallbezogene Fachgespräche

4. Auflage

Bestellnummer 86402

Bildungsverlag EINS

Haben Sie Anregungen oder Kritikpunkte zu diesem Produkt?
Dann senden Sie eine E-Mail an 86402_004@bv-1.de
Autoren und Verlag freuen sich auf Ihre Rückmeldung.

Die in diesem Werk aufgeführten Internetadressen sind auf dem Stand der Drucklegung 2014. Die ständige Aktualität der Adressen kann vonseiten des Verlages nicht gewährleistet werden. Darüber hinaus übernimmt der Verlag keine Verantwortung für die Inhalte dieser Seiten.

Die in diesem Produkt gemachten Angaben zu Unternehmen (Namen, Internet- und E-Mail-Adressen, Handelsregistereintragungen, Kontonummern, Steuer-, Telefon- und Faxnummern und alle weiteren Angaben) sind i.d.R. fiktiv, d.h., sie stehen in keinem Zusammenhang mit einem real existierenden Unternehmen in der dargestellten oder einer ähnlichen Form. Dies gilt auch für alle Kunden, Lieferanten und sonstigen Geschäftspartner der Unternehmen wie z.B. Kreditinstitute, Versicherungsunternehmen und andere Dienstleistungsunternehmen. Ausschließlich zum Zwecke der Authentizität werden die Namen real existierender Unternehmen und z.B. im Fall von Kreditinstituten auch deren Bankleitzahlen, IBAN und BIC verwendet.

www.bildungsverlag1.de

Bildungsverlag EINS GmbH
Ettore-Bugatti-Straße 6–14, 51149 Köln

ISBN 978-3-427-**86402**-8

Vorwort

Ihre mündliche Prüfung steht alsbald vor der Tür. Sie brauchen sich keine Sorgen zu machen, wenn Sie wissen, was auf Sie zukommt bzw. was bisher „alles so abgeprüft wurde" oder geprüft werden kann. Nachdem Sie sich mit dieser Normtestbroschüre intensiv befasst haben, können Sie relativ **gelassen in die Prüfung gehen**. Bekanntes wird Ihnen dort wiederbegegnen!

Die Verordnung über die Berufsausbildung zum/zur

- (1) Kaufmann/Kauffrau im Einzelhandel vom 24. März 2009 (**Erprobungsverordnung 2009**)

- (2) Verkäufer/Verkäuferin vom 16. Juli 2004/22. März 2005 i.V.m. (1)

sieht in §7 folgende Bestimmungen für die mündliche Prüfung vor: In „**Fallbezogenen Fachgesprächen**", die an kaufmännische Situationen des Berufsalltags anknüpfen, soll der Prüfling „beweisen, dass er kunden- und serviceorientiert handeln kann". Die Bereiche, aus denen Sie praxisbezogene Aufgaben auswählen, bezeichnet der Gesetzgeber als sog. „**Wahlqualifikationseinheiten**".

Auf den folgenden Seiten finden Sie zu allen **Wahlqualifikationseinheiten** mindestens fünf **Aufgaben**. Allen Aufgaben sind praktische Situationen des Geschäftsalltags vorangestellt, aus denen sich in der mündlichen Prüfung „**Fallbezogene Fachgespräche**" entwickeln. Zu allen Aufgaben finden Sie entsprechende **Lösungshinweise**.

Die Aufgaben wurden von einem erfahrenen Autorenteam erstellt.

Wir wünschen Ihnen, dass Sie zur Vorbereitung Ihrer mündlichen Prüfung

- die notwendige Zeit und Ruhe finden,

- die Wahlqualifikationseinheit/en auswählen, die Ihrem Wissen und Können nahekommt/-kommen.

Außerdem wünschen wir Ihnen viel Erfolg!

Die Verfasser

Inhaltsverzeichnis

Allgemeines

A Zulassungsvoraussetzungen zum Fallbezogenen Fachgespräch

- Ausbildungsberuf **„Kaufmann/Kauffrau im Einzelhandel"**
  Ablauf der in der Ausbildungsverordnung vorgeschriebenen Ausbildungszeit
  Führen der schriftlichen Ausbildungsnachweise
  Teilnahme an schriftlicher Prüfung (Teil 1 und Teil 2 der gestreckten Prüfung)
  Hinweis: Teil 1 kann vor der Teilnahme an Teil 2 nicht wiederholt werden
- Ausbildungsberuf **„Verkäufer/Verkäuferin"**
  Teilnahme an der Zwischenprüfung
  Ablauf der in der Ausbildungsverordnung vorgeschriebenen Ausbildungszeit
  Führen der schriftlichen Ausbildungsnachweise
  Teilnahme an schriftlicher Prüfung (Teil 1 der gestreckten Prüfung)

B Gewichtung der einzelnen Prüfungsbestandteile

- Ausbildungsberuf **„Kaufmann / Kauffrau im Einzelhandel"**

Prüfungsbereiche	Prüfungszeit	Gewichtung
Teil 1		**35 %**
Verkauf und Marketing	Maximal 120 Min. schriftlich Teil 1	15 %
Warenwirtschaft + Rechnungswesen	Maximal 90 Min. schriftlich Teil 1	10 %
Wirtschafts- und Sozialkunde	60 Min. schriftlich Teil 1	10 %
Teil 2		**65 %**
Geschäftsprozesse im Einzelhandel	105 Min. schriftlich Teil 2	25 %
Fallbezogenes Fachgespräch	Maximal 35 Min. mündlich (davon 15 Min. Vorbereitungszeit)	40 %

- Ausbildungsberuf **„Verkäufer / Verkäuferin"**

Prüfungsbereiche	Prüfungszeit	Gewichtung
Verkauf und Marketing	Maximal 120 Min. schriftlich	25 %
Warenwirtschaft + Rechnungswesen	Maximal 90 Min. schriftlich	15 %
Wirtschafts- und Sozialkunde	60 Min. schriftlich	10 %
Fallbezogenes Fachgespräch	Maximal 35 Min. mündlich (davon 15 Min. Vorbereitungszeit)	50 %

C Bestehensregelung und mündliche Ergänzungsprüfung

- Ausbildungsberuf **„Kaufmann/Kauffrau im Einzelhandel"**
  Das Endergebnis der Abschlussprüfung wird nach der Teilnahme an Teil 2 der gestreckten Prüfung festgestellt. Die Abschlussprüfung ist bestanden, wenn die Leistungen im Gesamtergebnis von Teil 1 und Teil 2 der Abschlussprüfung mit mindestens „ausreichend", im Prüfungsbereich „Geschäftsprozesse im Einzelhandel" mit mindestens „ausreichend" und im Prüfungsbereich „Fallbezogenes Fachgespräch" mit mindestens „ausreichend" bewertet worden sind. Bei Nichtbestehen kann die Prüfung zweimal wiederholt werden. Dabei können die mit mindestens ausreichend bewerteten Prüfungsbereiche anerkannt werden.

  Wurde der Prüfungsbereich „Geschäftsprozesse im Einzelhandel" schlechter als ausreichend bewertet, kann dieser Prüfungsbereich auf Antrag durch eine mündliche Prüfung von etwa 15 Minuten ergänzt werden, wenn dies für das Bestehen der Prüfung den Ausschlag geben kann. Das bisherige Ergebnis dieses Prüfungsbereichs und das Ergebnis der Ergänzungsprüfung werden dann im Verhältnis 2 : 1 gewichtet.

- Ausbildungsberuf **„Verkäufer / Verkäuferin“**
  Das Endergebnis der Abschlussprüfung wird nach dem Fallbezogenen Fachgespräch festgestellt. Für das Bestehen sind in den einzelnen Prüfungsbereichen mindestens ausreichende Prüfungsleistungen erforderlich. Wurde ein Prüfungsbereich mit „ungenügend“ bewertet, so ist die gesamte Prüfung nicht bestanden. Bei Nichtbestehen kann die Prüfung zweimal wiederholt werden. Dabei können die mit mindestens ausreichend bewerteten Prüfungsbereiche anerkannt werden.

  Sind in der schriftlichen Prüfung die Prüfungsleistungen in bis zu zwei Prüfungsbereichen mit „mangelhaft“ und in den übrigen Prüfungsbereichen mit mindestens „ausreichend“ bewertet worden, so ist auf Antrag des Prüflings oder nach Ermessen des Prüfungsausschusses in einem der mit „mangelhaft“ bewerteten Prüfungsbereiche die schriftliche Prüfung durch eine mündliche Prüfung zu ergänzen, wenn diese für das Bestehen der Prüfung den Ausschlag geben kann. Der Prüfungsbereich ist vom Prüfling zu bestimmen. Bei der Ermittlung des Ergebnisses für diesen Prüfungsbereich sind die Ergebnisse der schriftlichen Arbeit und der mündlichen Ergänzungsprüfung im Verhältnis 2 : 1 zu gewichten

D Inhalte und Ablauf des Fallbezogenen Fachgesprächs

Die Inhalte des Fallbezogenen Fachgesprächs des Ausbildungsberufs **„Verkäufer/Verkäuferin“** werden in einer Zusatzvereinbarung zum Berufsausbildungsvertrag nach folgendem Muster festgelegt:

Zusatzvereinbarung zum Berufsausbildungsvertrag Verkäufer / Verkäuferin

Die Ausbildung wird gemäß dem Berufsbild „Verkäufer / Verkäuferin“ der Ausbildungsverordnung vom 16. Juli 2004 (BGBl. I S. 1806; 2007 I S. 2203), die durch die Verordnung vom 22. März 2005 (BGBl. I S. 895) geändert worden ist, mit der Maßgabe zugrunde zu legen, dass §4 Absatz 2, die §§12 bis 15 und die Anlage 2 nicht anzuwenden sind. Die Ausbildungsverordnung vom 24. März 2009 (Bundesgesetzblatt Jahrgang 2009 Teil I Nr. 17, S. 671–674, ausgegeben am 1. April 2009) ist zu beachten.

Die Ausbildung gliedert sich in **eine** im Ausbildungsvertrag festzulegende Wahlqualifikationseinheit nach §3 Abs. 2 Nr. 1 bis 4.

Bitte wählen Sie **einen** Schwerpunkt aus den folgenden Wahlqualifikationseinheiten:

☐	1. Warenannahme, Warenlagerung	§3 Abs. 2 Nr. 1 VO-EH
☐	2. Beratung und Verkauf	§3 Abs. 2 Nr. 2 VO-EH
☐	3. Kasse	§3 Abs. 2 Nr. 3 VO-EH
☐	4. Marketingmaßnahmen	§3 Abs. 2 Nr. 4 VO-EH

Bitte markieren Sie ihre Auswahl jeweils mit **X**.

______________________ ______________________

Ort/Datum Ausbildender/Firma

Die Inhalte des Fallbezogenen Fachgesprächs des Ausbildungsberufs **„Kaufmann / Kauffrau im Einzelhandel"** werden in einer Zusatzvereinbarung zum Berufsausbildungsvertrag nach folgendem Muster festgelegt:

Zusatzvereinbarung zum Berufsausbildungsvertrag Kaufmann / Kauffrau im Einzelhandel

Die Ausbildung wird gemäß dem Berufsbild „Kaufmann/Kauffrau im Einzelhandel" der Ausbildungsverordnung vom 24. März 2009 durchgeführt (Bundesgesetzblatt Jahrgang 2009 Teil I Nr. 17, S. 671–674, ausgegeben am 1. April 2009).
Die Ausbildung gliedert sich in **eine** im Ausbildungsvertrag festzulegende Wahlqualifikationseinheit nach §3 Abs. 2 Nr. 1 bis 4
Bitte wählen Sie **einen** Schwerpunkt aus den folgenden Wahlqualifikationseinheiten

☐	1. Warenannahme, Warenlagerung	§3 Abs. 2 Nr. 1 VO-EH
☐	2. Beratung und Verkauf	§3 Abs. 2 Nr. 2 VO-EH
☐	3. Kasse	§3 Abs. 2 Nr. 3 VO-EH
☐	4. Marketingmaßnahmen	§3 Abs. 2 Nr. 4 VO-EH

sowie **drei** im Ausbildungsvertrag festzulegende Wahlqualifikationseinheiten nach §3 Abs. 3 Nr. 1 bis 8, wobei §3 Abs. 1 Nr. 11 zu berücksichtigen ist.
Bitte wählen Sie **drei** Schwerpunkte aus den folgenden Wahlqualifikationseinheiten:

☐	1. Beratung, Ware, Verkauf	§3 Abs. 3 Nr. 1 VO-EH
☐	2. Beschaffungsorientierte Warenwirtschaft	§3 Abs. 3 Nr. 2 VO-EH
☐	3. Warenwirtschaftliche Analyse	§3 Abs. 3 Nr. 3 VO-EH
☐	4. Kaufmännische Steuerung und Kontrolle	§3 Abs. 3 Nr. 4 VO-EH
☐	5. Marketing	§3 Abs. 3 Nr. 5 VO-EH
☐	6. IT-Anwendungen	§3 Abs. 3 Nr. 6 VO-EH
☐	7. Personal	§3 Abs. 3 Nr. 7 VO-EH
☐	8. Grundlagen unternehmerischer Selbstständigkeit	§3 Abs. 3 Nr. 8 VO-EH

Mindestens einer dieser drei Schwerpunkte muss aus den Wahlqualifikationseinheiten 1–3 ausgewählt werden.

Bitte markieren Sie ihre Auswahl jeweils mit **X**.

Ort/Datum

Ausbildender/Firma

Für den Prüfungsbereich Fallbezogenes Fachgespräch bestehen folgende Vorgaben:

Der Prüfling soll anhand **einer** von **zwei ihm zur Wahl gestellten praxisbezogenen Aufgaben** ein Fachgespräch führen. Eine der festgelegten Wahlqualifikationseinheiten nach §3 Abs. 3 VO-EH ist Grundlage für die Aufgabenstellung durch den Prüfungsausschuss. Der im schriftlichen Ausbildungsnachweis dokumentierte Warenbereich ist zu berücksichtigen.
Bei Aufgaben zu den Wahlqualifikationseinheiten nach §3 Ab. 3 Nr. 1 bis 7 VO-EH soll der Prüfling zeigen, dass er kunden- und serviceorientiert handeln und betriebspraktische Aufgaben unter Berücksichtigung von wirtschaftlichen, ökologischen und rechtlichen Zusammenhängen lösen kann und über entsprechende Kommunikationsfähigkeiten sowie über warenspezifische Kenntnisse des jeweiligen Warenbereichs verfügt.
Bei Aufgaben zu den Wahlqualifikationseinheiten nach §3 Absatz 3 Nr. 8 VO-EH (Grundlagen unternehmerischer Selbstständigkeit) soll der Prüfling zeigen, dass er Risiken und Chancen einer Existenzgründung einschätzen, die Marktsituation beurteilen und unternehmerische Entscheidungen unter Berücksichtigung von wirtschaftlicher, ökologischer und rechtlicher Zusammenhänge vorbereiten kann und über entsprechende Kommunikationsfähigkeiten sowie über warenspezifische Kenntnisse des jeweiligen Warenbereichs verfügt.

E Bewertungsbogen für das Fallbezogene Fachgespräch

Bewertungsbogen für Kaufmann/-frau im Einzelhandel

	100–92	91–81	80–67	66–50	49–30	29–0	Punkte
Fachkompetenz bei der Lösung der praxisbezogenen Aufgabe	Fachliche Argumente und Begründungen sind immer richtig und nachvollziehbar	Fachliche Argumente und Begründungen sind richtig	Fachliche Argumente und Begründungen sind überwiegend richtig	Fachliche Argumente sind zwar meist richtig, aber oft schlecht begründet	Fachliche Argumente und Begründungen sind nur teilweise richtig	Fachliche Argumente und Begründungen sind meist falsch	
Berücksichtigung wirtschaftlicher, ökologischer und rechtlicher Zusammenhänge	Erfolgt selbstständig und sicher	Erfolgt sicher	Erfolgt fast immer richtig	Erfolgt im Allgemeinen richtig	Selbst einfache Zusammenhänge werden nicht immer richtig gesehen	Selbst einfache Zusammenhänge werden nicht gesehen	
Warenspezifische Kenntnisse des Warenbereichs	Werden fachlich überzeugend einbezogen	Werden fachlich einwandfrei einbezogen	Werden meist fachlich richtig einbezogen	Werden im Allgemeinen fachlich richtig einbezogen	Die fachliche Einbeziehung überzeugt im Allgemeinen nicht	Können fachlich nicht einbezogen werden	
Kunden- und Serviceorientierung	Wird überzeugend sichtbar	Wird sichtbar	Wird im Allgemeinen sichtbar	Wird im Allgemeinen sichtbar, bei wenigen Zusammenhängen nicht klar erkennbar	Wird nicht deutlich sichtbar, Zusammenhänge werden oft nicht erkannt	Wird nicht sichtbar, Zusammenhänge werden im Allgemeinen nicht erkannt	
Kommunikationsfähigkeit	Überzeugend vorgetragen	Sicher vorgetragen	Überwiegend sicher vorgetragen	Oft unsicher vorgetragen	Umständlich vorgetragen	Unverständlich vorgetragen	
						Ergebnis Fachgespräch:	

Notizen des Prüfungsausschusses:

Bewertungsbogen für Verkäufer / Verkäuferin

	100–92	91–81	80–67	66 -50	49 -30	29–0	Punkte
Fachkompetenz bei der Lösung der praxisbezogenen Aufgabe (einschl. Kommunikationsfähigkeit)	Fachliche Argumente und Begründungen werden immer richtig und überzeugend vorgetragen	Fachliche Argumente und Begründungen werden richtig und sicher vorgetragen	Fachliche Argumente und Begründungen werden überwiegend richtig und meist sicher vorgetragen	Fachliche Argumente und Begründungen werden meist richtig, aber umständlich vorgetragen	Fachliche Argumente und Begründungen werden nur teilweise richtig und umständlich vorgetragen	Fachliche Argumente und Begründungen werden meist falsch und unverständlich vorgetragen	
Warenspezifische Kenntnisse des Warenbereichs	Werden fachlich überzeugend einbezogen	Werden fachlich einwandfrei einbezogen	Werden meist fachlich richtig einbezogen	Werden im Allgemeinen fachlich richtig einbezogen	Die fachliche Einbeziehung überzeugt im Allgemeinen nicht	Können fachlich nicht einbezogen werden	
Kunden- und Serviceorientierung	Wird überzeugend sichtbar	Wird sichtbar	Wird im Allgemeinen sichtbar	Wird im Allgemeinen sichtbar, bei wenigen Zusammenhängen nicht klar erkennbar	Wird nicht deutlich sichtbar, Zusammenhänge werden oft nicht erkannt	Wird nicht sichtbar, Zusammenhänge werden im Allgemeinen nicht erkannt	
						Ergebnis Fachgespräch:	

Notizen des Prüfungsausschusses:

____

____

____

F Nonverbale Gesichtspunkte im Fallbezogenen Fachgespräch

Guter Eindruck	Weniger guter Eindruck

Positive Einstellung: Diese fällt Ihnen zwar nicht leicht, aber Sie wissen, dass Prüfungen sein müssen und Qualifizierung Sie weiterbringt.	Negative Einstellung: Prüfungen sind blöd; leider erfüllen sich – häufiger als man glaubt – „negative Prophezeiungen".
Bemühen Sie sich um einen entspannten, freundlichen Gesichtsausdruck.	Mit verbissenem, unfreundlichem, verängstigtem Gesichtsausdruck die Prüfung absolvieren
Halten Sie Blickkontakt mit den Prüfern.	Blickkontakt mit den Prüfern meiden
Wenn Sie eine Frage nicht richtig „verstanden" haben, fragen Sie freundlich zurück.	Den Prüfern ins Wort fallen oder ihnen widersprechen

G Muster eines Fallbezogenen Fachgesprächs mit Lösungen

Beratung, Ware und Verkauf

Themen

1.1 Kundenorientierung/ Erwartungen der Kunden

1.2 Verkaufsgespräche

1.3 Kundeneinwände/Zusatzverkauf/Alternativverkauf

1.4 Beschwerde/Reklamation

Verkäufer/Verkäuferin
Kaufmann/Kauffrau im Einzelhandel

Hinweise für den Prüfling

1. Wählen Sie aus zwei erhaltenen Aufgaben **eine** aus.
2. Ihre Vorbereitungszeit beträgt ca. 15 Minuten; machen Sie sich Notizen (siehe Schreiblinien auf dieser Seite).
3. Anschließend findet das Prüfungsgespräch statt, das nicht länger als 20 Minuten dauert.
4. Am Ende der Prüfung behält der Prüfungsausschuss das Aufgabenblatt ein.
5. Der Prüfungsausschuss bewertet das fallbezogene Fachgespräch anschließend intern.

Situation zu dieser Musteraufgabe

Sie sind in der Warenhaus Forum KG beschäftigt. Tausende von Kunden tätigen dort ihre Erlebnis-/Beratungskäufe und Versorgungskäufe.

Aufgabenstellung

a) Charakterisieren Sie
   (1) Erlebnis-/Beratungskäufe,
   (2) Versorgungskäufe.

b) Vergleichen Sie „Bedienung" und „Selbstbedienung" hinsichtlich: Zugang zur Ware, Qualitäts-/Preisniveau, Beratung, Standort des Geschäfts.

c) Der Beratungskauf zeigt gewöhnlich alle Stufen des Verkaufsgesprächs. Zählen Sie diese der Reihenfolge nach mit den entsprechenden Fachbegriffen auf und geben Sie Beispiele.

d) Welche Vorteile bietet
   (1) die Vorwahl dem Kunden,
   (2) die Kundenorientierung dem Geschäft?

   Notizen des Prüflings:

Lösungsvorschlag zur Musteraufgabe:

Aufgabe 1

a)

(1) Erlebnis-/Beratungskäufe	(2) Versorgungs-/Aushändigungskäufe
Produkte aus dem Erlebnis- und Lebensbereich, z. B. „Alles für Ihre Schönheit", „Alles fürs Kind", Elektronikartikel	Produkte des täglichen Bedarfs, z. B. Lebensmittel. Schreibwaren, wenig erklärungsbedürftige Textilien
Solche Produkte sind erklärungsbedürftig, z. B. Digitalkameras, oder die Produkte werden aus gesetzlichen Vorschriften nur in Bedienungsform verkauft, z. B. offene Lebensmittel, Arzneimittel	Die Eigenschaften dieser Produkte sind allgemein bekannt und bedürfen beim Kauf üblicherweise keiner Beratung/Erklärung.
Kunden erwarten eine freundliche, kompetente und situationsgerechte Beratung in anspruchsvoller Atmosphäre, das Einkaufen soll Spaß machen und ein Erlebnis sein	Kunden erwarten Selbstbedienung mit offenem Zugang zur Ware, ein übersichtliches Warenangebot, eine funktionelle Warendarbietung durch Selbstbedienung und günstige Preise; Ausnahme: Waren, die aus hygienischen bzw. gesetzlichen Gründen nicht in Selbstbedienung verkauft werden dürfen, z. B. offene Lebensmittel
Verkaufsformen: meist Bedienung und Vorwahl	Verkaufsformen: meist Selbstbedienung
Häufige Betriebsformen: Kaufhaus, Fachgeschäft	Häufige Betriebsformen: Warenhaus, Super-, Verbrauchermarkt, Discounter

b)

Merkmale	Bedienung	Selbstbedienung
– Zugang zur Ware	eingeschränkt	uneingeschränkt
– Qualitätsniveau	hoch bis mittel	mittel bis gering
– Preisniveau	mittel bis hoch	mittel bis gering
– Beratung	hochwertig und wichtig	nur auf Wunsch, sachgerecht, qualifiziert
– Standort des Geschäfts	meist in der City	Supermärkte sind auch in der City

c) 1. Kunden begrüßen, Kontakt aufnehmen
2. Bedarf ermitteln
3. Produkte zeigen und vorführen
4. Verkaufsargumente nennen
5. Kundeneinwände beantworten
6. Abschluss, Kunden verabschieden

d) (1) Vorteil Vorwahl für den Kunden:
freier Zugang zur Ware, auf Wunsch Beratung, hochwertige Geschäftsausstattung/schönes Ambiente des Geschäfts, Möglichkeit der Selbstbedienung ohne Einfluss/Einwirkung eines Verkäufers

(2) Vorteil Kundenorientierung für das Geschäft:
Der Einzelhändler erbringt Leistungen, die sich an den Wünschen und Erwartungen des Kunden orientieren und diese erfüllen. Die Kunden sind in diesem Geschäft zufrieden, kommen wieder, es entsteht Kundenbindung. Daraus resultiert geschäftlicher Erfolg.

Aufgaben zu den Wahlqualifikationseinheiten

1 Beratung, Ware und Verkauf

Mögliche Inhalte

Verkäufer

Beratung und Verkauf (§3 Abs. 2, Nr. 2 VO-EH)	
Beratungs- und Verkaufsgespräche (§3 Abs. 2, Nr. 2.1)	a) Struktur zweier Warengruppen eines Warenbereichs im Ausbildungsbetrieb nach Breite und Tiefe darstellen b) Kunden über qualitäts- und preisbestimmende Merkmale sowie Verwendungs- und Anwendungsmöglichkeiten von Waren eines Warenbereichs informieren c) Unterschiede von Herstellermarken und Handelsmarken im Verkaufsgespräch herausstellen d) Kunden über rechtliche und betriebliche Rücknahmeregelungen sowie über umweltgerechte Entsorgungsmöglichkeiten von Waren informieren e) Trends und innovative Ansätze beobachten und als Verkaufsargument nutzen f) im Kundengespräch warenspezifisch Mengen und Preise ermitteln g) Sonderfälle beim Verkauf bearbeiten, dabei rechtliche und betriebliche Vorschriften anwenden h) Kundentypen und Verhaltensmuster unterscheiden, in Verkaufsgesprächen individuell nutzen i) Bedeutung einer erfolgreichen Verkaufstätigkeit hinsichtlich Umsatz, Ertrag und Kundenzufriedenheit erläutern j) Kaufmotive und Wünsche von Kunden durch Beobachten, aktives Zuhören und Fragen ermitteln und in Verkaufsgesprächen nutzen
Umtausch, Beschwerde und Reklamation (§3 Abs. 2, Nr. 2.2)	a) Umtausch, Beschwerde und Reklamation bearbeiten, die Interessen des Unternehmens vertreten und kundenorientiert handeln b) Sonderfälle von Umtausch, Beschwerde und Reklamation entsprechend der gesetzlichen und betrieblichen Regelungen lösen

Verhalten in schwierigen Gesprächssituationen (§3 Abs. 2, Nr. 2.3)	a) im Umgang mit Kunden Einfühlungsvermögen zeigen b) mit emotional geprägten Situationen im Verkauf umgehen c) Stresssituationen im Verkauf bewältigen d) Konfliktursachen feststellen, Konfliktlösungen im Beratungsgespräch entwickeln e) Strategien im Umgang mit schwierigen Kunden anwenden
Kasse (§3 Abs. 2, Nr. 3 VO-EH)	
Service an der Kasse (§3 Abs. 2, Nr. 3.1)	a) Kunden an der Kasse situationsgerecht ansprechen b) Kunden beim Kassiervorgang Serviceleistungen anbieten c) Kassenbereich unter ergonomischen Gesichtspunkten erläutern, das eigene Verhalten danach ausrichten
Kassensystem und Kassieren (§3 Abs. 2, Nr. 3.2)	a) unterschiedliche Zugangsberechtigungen zum Kassensystem begründen; Kassierfunktionen anwenden b) Bedeutung der Kassen für die warenwirtschaftliche Analyse erläutern; Kassenberichte hinsichtlich Artikel, Zahlungsmittel und Personaleinsatz auswerten c) Vorsichtsmaßnahmen bei der Annahme von monetären und nichtmonetären Zahlungsmitteln beachten d) die im Betrieb üblichen Vorschriften zum Umgang mit Fremdwährungen anwenden e) Stresssituationen an der Kasse bewältigen f) bei der Zusammenfassung der Kassenberichte, der Vorbereitung des Geldtransports und der Wechselgeldbereitstellung mitwirken g) bei Systemstörungen Maßnahmen zur Datensicherung und zur Wiederherstellung der Funktionsfähigkeit einleiten

Kaufmann/-frau im Einzelhandel

Beratung, Ware, Verkauf (§3 Abs. 3, Nr. 1 VO-EH)	
kundenorientierte Kommunikation (§3 Abs. 3, Nr. 1.1)	a) Zusammenhänge zwischen Selbstbild und Fremdbild erläutern und bei der Kommunikation berücksichtigen b) unternehmerische Ziele im eigenen Arbeitsbereich kundenorientiert umsetzen c) Grundmuster zur Stressentstehung und Stressbewältigung berücksichtigen d) die Auswirkungen eigener Emotionen im Verkauf berücksichtigen e) Kommunikationstechniken unterscheiden und zur Förderung der Kundenzufriedenheit anwenden f) im Beratungsgespräch Qualitäts- und Leistungsansprüche des Unternehmens gegenüber dem Kunden vertreten
Konfliktlösung (§3 Abs. 3, Nr. 1.2)	a) grundlegende Muster der Entstehung und Bewältigung von Konflikten beschreiben b) Ursachen von Konfliktsituationen im Verkaufsgespräch analysieren und Schlussfolgerungen für zukünftige Verkaufsgespräche ableiten
Warenkenntnisse in zusätzlichen Warengruppen (§3 Abs. 3, Nr. 1.3)	a) Struktur zweier weiterer Warengruppen im Ausbildungsbetrieb darstellen b) Kunden über qualitäts- und preisbestimmende Merkmale sowie Ver- und Anwendungsmöglichkeiten informieren c) Unterschiede von Herstellermarken und Handelsmarken im Verkaufsgespräch erläutern d) Kunden über rechtliche und betriebliche Rücknahmeregelungen sowie über umweltgerechte Entsorgungsmöglichkeiten von Waren informieren e) Trends und innovative Ansätze beobachten und als Verkaufsargument nutzen f) im Kundengespräch warenspezifisch Mengen und Preise ermitteln g) Kaufmotive und Wünsche von Kunden durch Beobachten, aktives Zuhören und Fragen ermitteln und in Verkaufsgesprächen nutzen h) Medien für die Aneignung von warenspezifischen Kenntnissen nutzen i) Gesundheits- und Umweltverträglichkeit von Waren beurteilen

Situation zu Aufgabe 1

Als Mitarbeiter/in im Einzelhandel sind Sie für die Sortimente und Sortimentsgestaltung Ihrer Abteilung mit verantwortlich.

Aufgabe 1

a) Machen Sie Angaben zum Sortimentsaufbau Ihrer Abteilung und erläutern Sie die Fachbegriffe mit Beispielen.

b) In einer Fachzeitschrift kommen unten stehende Begriffe vor. Erklären Sie diese und nehmen Sie Bezug auf Ihr Geschäft.
(1) Sortimentsstruktur
(2) Sortimentsbreite
(3) Sortimentstiefe
(4) Kern- und Randsortiment.

c) Was verstehen Sie unter folgenden Fachbegriffen und welche Bedeutung spielen diese in Ihrem Geschäft?
(1) Markenartikel
(2) Handelsmarken

d) Erläutern Sie, was man unter „Kundenorientierung“ im Einzelhandel versteht.

Situation zu Aufgabe 2

Sie sind bei einem großen Textil-Filialist beschäftigt. Viele Ihrer Kunden sind zwischen 12 und 35 Jahre alt.

Aufgabe 2

a) Was versteht man unter einer Zielgruppe und wie lässt sich diese charakterisieren?

b) Welche Möglichkeiten haben Sie, sich Produkt-, Waren- und Sortimentskenntnisse anzueignen?

c) Auf welche Weise kommen Sie zu Informationen über neue Mode?

d) Wie kommen Sie im Beratungsverkauf mit Kunden in Kontakt?

e) Die Kundenwünsche sind sehr vielfältig und individuell. Welche Methoden der Bedarfsermittlung kennen Sie? Geben Sie Beispiele.

Situation zu Aufgabe 3

Sie verkaufen im Warenhaus und konnten verschiedene Abteilungen kennenlernen, die teilweise in Bedienungsform, teils in Vorwahl und auch in Selbstbedienung geführt werden.

Aufgabe 3

a) Wie erfolgt am besten
   (1) die Kontaktaufnahme im Beratungsgespräch,
   (2) die Kontaktaufnahme bei Vorwahl,
   (3) die Kontaktaufnahme beim Aushändigungsverkauf,
   (4) die Kontaktaufnahme mit Kunden, die sich „nur mal umschauen“ wollen,
   (5) die Kontaktaufnahme bei Selbstbedienung?

b) Welche Methode der Bedarfsermittlung wählen Sie, wenn der Kunde z. B. sagt: „Ich suche einen Blazer für mich“?

c) Was beachten Sie bei der Warenvorführung?

Situation zu Aufgabe 4

Sie sind Mitarbeiter/in im Fachgeschäft. Ihre Kunden sind anspruchsvoll, die Produkte erklärungsbedürftig. Vielfach liegt ein Erlebniskauf vor.

Aufgabe 4

a) Welche Vorteile bringt Ihnen eine gekonnte Warenvorführung?

b) Woraus leiten Sie Verkaufsargumente ab? Geben Sie Beispiele.

c) Geben Sie Beispiele für
   (1) warenbezogene,
   (2) kundenbezogene Verkaufsargumente.

d) Worin unterscheiden sich waren- und kundenbezogene Verkaufsargumente?

e) Auf welche Weise können Sie Kunden am besten überzeugen? Bilden Sie ein Beispiel aus Ihrem Verkaufsbereich.

Situation zu Aufgabe 5

Sie sind Mitarbeiter/in im Fachgeschäft. Sie wollen anspruchsvolle Kunden gut und fair beraten und guten Umsatz machen.

Aufgabe 5

a) Auf welche Weise können Sie Kunden am besten überzeugen? Verdeutlichen Sie dies an einem Produkt Ihrer Wahl.

b) In Preisgesprächen können Sie Preisschocks, die Kunden vom Kauf des gewünschten Produkts abschrecken, verhindern. Welche Methoden wenden Sie an? Geben Sie dazu ein Beispiel Ihres Berufsalltags.

c) Zusatzartikel bringen Zusatzumsatz und Gewinn. Nennen Sie Beispiele aus Ihrem Geschäftsbereich für
   (1) notwendige,
   (2) nützliche Zusatzartikel.

d) Wie unterbreiten Sie am besten Zusatzangebote? Erläutern Sie dies und geben Sie ein Beispiel in wörtlicher Rede.

Situation zu Aufgabe 6

Ein Ehepaar mit Kind kommt zu Ihnen in Ihr Geschäft und möchte ein Geschenk zum Geburtstag der Oma kaufen.

Aufgabe 6

a) Wie gehen Sie vor, um den Geschenkwunsch bestmöglich zu erfüllen?

b) Wie gehen Sie vor, wenn der Kunde trotz aller Bemühungen nicht weiß, was er schenken soll?

c) Zählen Sie Artikel Ihres Geschäfts auf, die sich besonders als Geschenk eignen und nennen Sie dazu nützliche bzw. sinnvolle Ergänzungen.

d) Beschreiben Sie, worauf beim Verpacken von Geschenken besonders zu achten ist.

e) Was sind Alternativangebote?

f) Was beachten Sie, wenn in Ihrem Geschäft „Hochbetrieb" herrscht?

Situation zu Aufgabe 7

Sie sind Mitarbeiter/in im Einzelhandel und wollen Reklamationen zur Zufriedenheit der Kunden abwickeln bzw. mitwirken, eine „gute“ Lösung für Kunden und Geschäft zu finden.

Aufgabe 7

a) Was soll durch die Erledigung der Reklamation erreicht werden?
   (1) für den Kunden?
   (2) für das Geschäft?

b) Wie gehen Sie bei Reklamationen vor? Nennen und erläutern Sie die einzelnen Schritte.

c) Welche rechtlichen Ansprüche hat der Kunde, wenn eine berechtigte Reklamation vorliegt?

d) Welches Recht hilft dem Kunden am besten, wenn
   (1) bei der neuen Kamera die Elektronik ausgefallen ist,
   (2) an der Bluse ein Knopf fehlt,
   (3) die verdorbene Wurst zu einer Vergiftung führte und ein Krankenhausaufenthalt notwendig wurde?

e) Welche Art von Reklamationen häufen sich in Ihrem Geschäft? Nennen Sie mögliche Gründe.

f) Auf welche Weise können Sie Kunden, die lautstark und empört reklamieren, beruhigen? Formulieren Sie drei Sätze in wörtlicher Rede.

Situation zu Aufgabe 8

Sie sind Mitarbeiter/in im Einzelhandel, z. B. in einem Textil- oder Schuhgeschäft. Ein Kunde hat ein Produkt, z. B. einen Pullover, zu heiß gewaschen, mit dem Ergebnis, dass der Pullover verfilzte .... Der Kunde verlangt Umtausch.

Aufgabe 8

a) Ist der Wunsch des Kunden berechtigt?

b) Wie können Sie feststellen, ob die Reklamation berechtigt ist?

c) Wie erledigen Sie die Situation?

d) „Der Umtausch erfolgt aus Kulanz“. Erläutern Sie dies, auch in ihrer Wirkung für den Kunden und das Geschäft.

e) Welche Grundregeln beim Verhalten mit Kunden beachten Sie beim Umtausch?

f) Erläutern Sie den Unterschied zwischen Umtausch und Reklamation.

g) Nennen Sie aus Ihrem Geschäftsbereich typische Umtauschartikel und mögliche Umtauschgründe.

h) Welche Artikel sind vom Umtausch ausgeschlossen und warum?

Situation zu Aufgabe 9

In allen Branchen des Einzelhandels sind Serviceleistungen von Bedeutung. Sie sind hierfür mit zuständig.

Aufgabe 9

a) Welche Serviceleistungen bietet Ihr Geschäft?

b) Welche Bedeutung haben Serviceleistungen
   (1) überhaupt im Einzelhandel,
   (2) in Ihrem Geschäft?

c) Nennen Sie beispielhaft Serviceleistungen und schildern Sie ausführlich, worin der Nutzen für den Kunden besteht.

d) Zählen Sie Serviceleistungen auf, die
   (1) zahlungsbezogen,
   (2) produktbezogen,
   (3) von allgemeiner Art sind.

e) Welche Zahlungserleichterungen bietet Ihr Geschäft?

f) Worin besteht der Unterschied zwischen Garantie und Kulanz?

Situation zu Aufgabe 10

Sie sind im Lebensmitteleinzelhandel beschäftigt und beobachten das Kundenverhalten.

Aufgabe 10

a) Was besagen Kundenlaufstudien im Bereich der Selbstbedienung?

b) Wo sind im Selbstbedienungsbereich eines Geschäfts verkaufsschwache, wo verkaufsstarke Zonen?

c) Machen Sie Aussagen zu den Regalzonen und der Regalwertigkeit.

d) Um welche Fragen/Probleme geht es bei der Warenpräsentation? Nennen sie Grundsätze, die Ihr Geschäft besonders beachtet.

Situation zu Aufgabe 11

Sie sitzen an der Kasse eines großen Filialisten und haben es mit unterschiedlichen Situationen zu tun.

Aufgabe 11

a) Welche vorbereitenden Tätigkeiten treffen Sie an der Kasse?

b) Welche Zahlungsmöglichkeiten hat Ihr Kunde? Erläutern Sie diese.

c) Welcher Unterschied besteht zwischen Kundenkarte und Kreditkarte?

d) Nehmen Sie Stellung zu der Aussage: „Die Kundenkarte bietet dem Geschäft die Möglichkeit, das Kundenverhalten auszuwerten.“

Situation zu Aufgabe 12

Zu Ihren Tätigkeiten im Supermarkt o. Ä. gehört das Kassieren.

Aufgabe 12

a) Eine Kundin legt diverse Produkte auf das Laufband. Wie kommen Sie mit der Kundin in Kontakt?

b) Welche Kassierregeln beachten Sie?

c) Die Kundin zahlt den Rechnungsbetrag von 41,95 EUR mit einem 50-Euro-Schein. Was tun Sie?

d) Ihre Kassenabrechnung ergab eine Kassendifferenz von minus 5,19 EUR. Wie wirkt sich diese auf das Betriebsergebnis aus?

e) Zehn Minuten, nachdem Ihre Kundin bezahlte, kommt sie aufgeregt zu Ihnen an die Kasse und wirft Ihnen vor: „Sie haben mir 5 EUR zu wenig herausgegeben.“ Wie verhalten Sie sich?

Situation zu Aufgabe 13

Auch an der Kasse gibt es Situationen, die es zu meistern gilt.

Aufgabe 13

a) Die Warteschlange vor der Kasse vergrößert sich, die Unruhe der wartenden Kunden nimmt zu. Wie verhalten Sie sich?

b) Sie beobachten im Spiegel, dass ein Jugendlicher Süßigkeiten in seine Hosentasche steckt, die er an der Kasse nicht bezahlt. Was tun Sie?

c) Dieser Jugendliche, ca. 14 Jahre alt, kauft alkoholische Getränke. Wie verhalten Sie sich?

d) Durch ein heftiges Gewitter kommt es zu Stromausfall an der Kasse. Drei Kunden stehen vor Ihrer Kasse und möchten bezahlen. Was tun Sie?

Situation zu Aufgabe 14

Sie übernehmen morgens den Kassenplatz eines SB-Verbrauchermarktes.

Aufgabe 14

a) Sie richten sich Ihren Arbeitsplatz nach ergonomischen Gesichtspunkten ein. Was versteht man darunter?

b) Fast alle Produkte Ihres Geschäfts sind mit dem EAN-Code ausgestattet. Wie ist dieser aufgebaut?

c) Welche Aufgabe übernimmt der Scanner in Verbindung mit der Datenkasse?

Situation zu Aufgabe 15

Nicht selten wickeln Sie an der Kasse Umtausch und Reklamation ab, geben Gutscheine aus bzw. nehmen Gutscheine von Kunden entgegen.

Aufgabe 15

a) Wie erfolgt in Ihrem Betrieb die kassentechnische Abwicklung bei
   (1) Umtausch,
   (2) einer berechtigten Reklamation, wenn Sie noch nicht wissen, welche „Hilfe“ der Kunde in Anspruch nehmen möchte?

b) Worin unterscheiden sich Umtausch und Reklamation aus der Sicht des Kunden?

c) Welche Zahlungsarten bevorzugen Ihre Kunden? Erläutern Sie die Zahlungsarten.

d) Ein Kunde wünscht einen Geschenkgutschein. Was beachten Sie?

2 Beschaffungsorientierte Warenwirtschaft

Mögliche Inhalte

Verkäufer

Warenannahme, Warenlagerung (§ 3 Abs. 2 Nr. 1 VO-EH)	
Bestandssteuerung (§ 3 Abs. 2, Nr. 1.1)	a) Auswirkungen von Bestandsveränderungen auf das Betriebsergebnis analysieren b) bei der Steuerung des Bestandes und des Absatzes mitwirken, Warenwirtschaftssystem nutzen c) Vollständigkeit des Warenangebots unter Berücksichtigung saisonaler, aktions- und frequenzbedingter Schwankungen kontrollieren und Maßnahmen einleiten
Warenannahme und -kontrolle (§ 3 Abs. 2, Nr. 1.2)	a) Regeln der betrieblichen Belegverwaltung in der Warenannahme anwenden b) Reklamationen in der Warenannahme aufnehmen und unter Einhaltung der gesetzlichen und betriebsüblichen Bestimmungen bearbeiten c) Maßnahmen bei Bruch, Verderb und Schwund bei vorgelagerten Logistikstufen einleiten
Warenlagerung (§ 3 Abs. 2, Nr. 1.3)	a) Bestimmungen für die Lagerung spezieller Warengruppen anwenden b) Ware im Verkaufsraum, insbesondere unter dem Gesichtspunkt der Werbewirksamkeit lagern

Kaufmann/-frau im Einzelhandel

Beschaffungsorientierte Warenwirtschaft (§3 Abs. 3, Nr. 2 VO-EH)	
Warendisposition (§3 Abs. 3, Nr. 2.1)	a) Bedarfsermittlungen unter Nutzung von Kennziffern aus der Warenwirtschaft durchführen b) Liefermodalitäten bei Bestellungen berücksichtigen c) bei Bestellverfahren mitwirken
Sortimentsgestaltung (§3 Abs. 3, Nr. 2.2)	a) Maßnahmen zur Sicherstellung der Vollständigkeit der Waren im Warenbereich unter Berücksichtigung von Aufbau und Struktur des Warenbereichs ergreifen b) sortimentsbestimmende Faktoren, insbesondere Qualität, Trends, Zielgruppen, Standort und Wettbewerbssituationen, erläutern c) Vorschläge zur Gestaltung des Warenbereichs entwickeln d) Herausnahme und Neuaufnahme von Waren begründen
Verträge und Zahlungsbedingungen (§3 Abs. 3, Nr. 2.3)	a) Zahlungsmodalitäten unterscheiden b) Einhaltung von Bedingungen aus abgeschlossenen Beschaffungsverträgen überwachen

Situation zu Aufgabe 16

Ihnen ist der Einkauf von Waren übertragen worden. Sie wissen, dass Ihre Sortimente kundenorientiert und profitabel sein sollen.

Aufgabe 16

a) Nach welchen Gesichtspunkten stellt ein Geschäft ein kundenorientiertes und profitables Sortiment zusammen? Nennen und erläutern Sie dazu einige Gesichtspunkte.

b) Es ergibt sich die Frage, welche Produkte beschafft werden sollen. Wovon hängt dies ab?

c) Welche rechtliche Wirkung hat
   (1) eine Anfrage,
   (2) eine Bestellung?

d) (1) Was besagt der Meldebestand?
   (2) Von welchen Größen ist er abhängig?

e) Weshalb prüfen Sie eingehende Warenlieferungen?

Beschaffungsorientierte Warenwirtschaft

Situation zu Aufgabe 17

Sie sind bei einem großen Filialist beschäftigt, der zur Beschaffung von Waren, zur Steuerung und Kontrolle der Sortimente das computergestützte Warenwirtschaftssystem einsetzt.

Aufgabe 17

a) Welche Daten helfen Ihnen, die richtige Menge zum richtigen Zeitpunkt zu bestellen?

b) Was verstehen Sie unter „Renner-Penner-Listen"?

c) Wie wirken sich Sortimentslücken in Selbstbedienungsregalen aus?

d) Wodurch zeichnen sich profitable Sortimente aus?

e) Sie bestellen 120 Stück eines bestimmten Artikels. Welche Verpflichtungen ergeben sich rechtlich aus dem Kaufvertrag?

f) Die bestellte Sendung geht ein. Beschreiben Sie den Ablauf des Wareneingangs in der richtigen Reihenfolge.

g) Leider bleiben Mängel an der eingegangenen Ware nicht aus. Welche Rechte machen Sie geltend?

Situation zu Aufgabe 18

Sie haben die Aufgabe, 80 Stück eines neuen Artikels XY zu bestellen. Dabei sollen Sie von mehreren Lieferanten, von denen Sie z. T. auch schon andere Artikel gelistet haben, Angebote einholen. Auf Ihre Anfragen erhalten Sie die folgenden drei Angebote:

Auf unsere Anfrage vom 15. Januar ... für 80 Stück Artikel XY erhalten wir von den Lieferern A, B und C bis zum 26. Januar ... folgende Angebote:

	Angebot A	**Angebot B**	**Angebot C**
Verbindlichkeit	freibleibend	solange Vorrat reicht	verbindlich bis zum ...
Preis je Stück	16,00 EUR	17,00 EUR	14,30 EUR
Mengenrabatt	8 % ab 50 Stück	10 % ab 80 Stück	–
Lieferbedingungen Beförderungskosten Verpackungskosten Lieferzeit	ab Werk 25,00 EUR 8,50 EUR 10 Tage	frei Haus – – sofort	unfrei 20,00 EUR 15,00 EUR 4 Wochen
Zahlungsbedingungen	1 Monat Ziel 10 Tg./3 % Skonto	netto Kasse	3 Monate Ziel/ 15 Tg./2 % Skonto
Vereinbarungen	Eigentumsvorbehalt	5 % Bonus ab 50 000,00 EUR Umsatz p. a.	Mindestabnahme 100 Stck.
Erfahrungen mit Lieferanten			

Aufgabe 18

a) Woher bekommen Sie die Informationen über Ihre Einkaufsquellen?

b) Erklären Sie die Bedingungen der vorliegenden Angebote zeilenweise, wägen Sie ab und versuchen Sie, eine Entscheidung für einen Lieferanten herbeizuführen.

c) Was könnten Sie in der Zeile „Erfahrungen mit Lieferanten“ notieren und wie wichtig sind diese für die Einkaufsentscheidung?

d) Welche Gefahren sehen Sie bei der Festlegung auf nur einen Lieferanten?

e) Wäre es sinnvoll, als Erfüllungsort und Gerichtsstand für beide Teile auf dem Sitz Ihrer Firma zu bestehen?

f) Welche rechtliche Bedeutung hat die Anfrage?

Situation zu Aufgabe 19

Sie sind in Ihrem Ausbildungsbetrieb für die Warenannahme verantwortlich. Der Spediteur bringt mehrere Kisten. Sie nehmen die Sendung, die per LKW geliefert wird, in Empfang.

Aufgabe 19

a) Was tun Sie, wenn sich der Spediteur bei Ihnen meldet?

b) Was beachten Sie, wenn Sie feststellen, dass die Produkte mit Mängeln behaftet sind?

c) Die Rügefrist wird nicht eingehalten. Zu welchen Konsequenzen führt dies?

d) Was tun Sie mit der mangelhaften Ware?

e) Von welchem Recht machen Sie Gebrauch? Berücksichtigen Sie bei Ihrer Entscheidung auch die Interessen Ihrer Kunden.

f) Ihr Vorgesetzter meint, das Verkaufslager sollte vergrößert und das Reservelager verkleinert werden. Was halten Sie davon?

Situation zu Aufgabe 20

Die meisten Betriebe arbeiten mit computergestützten Warenwirtschaftssystemen, die helfen, betriebliche Vorgänge zu steuern und zu kontrollieren.

Aufgabe 20

a) Erläutern Sie die Aufgaben bzw. Ziele des computergestützten Warenwirtschaftssystems.

b) „Das computergestützte Warenwirtschaftssystem erfasst artikelgenau und zeitnah alle Warenbewegungen". Zeigen Sie dies anhand von Beispielen.

c) (1) Was geschieht bei der Stichtagsinventur?
(2) Auf welche Weise erfolgt die Bestandsaufnahme in Ihrem Geschäft?

d) Was besagen folgende Lagerkennziffern?
(1) durchschnittlicher Lagerbestand
(2) durchschnittliche Lagerdauer
(3) Umschlagshäufigkeit

e) Was bewirkt eine Erhöhung der Umschlagshäufigkeit?

f) Was tun Sie, wenn eine bestellte Sendung zum vereinbarten Termin nicht eingeht?

3 Warenwirtschaftliche Analyse

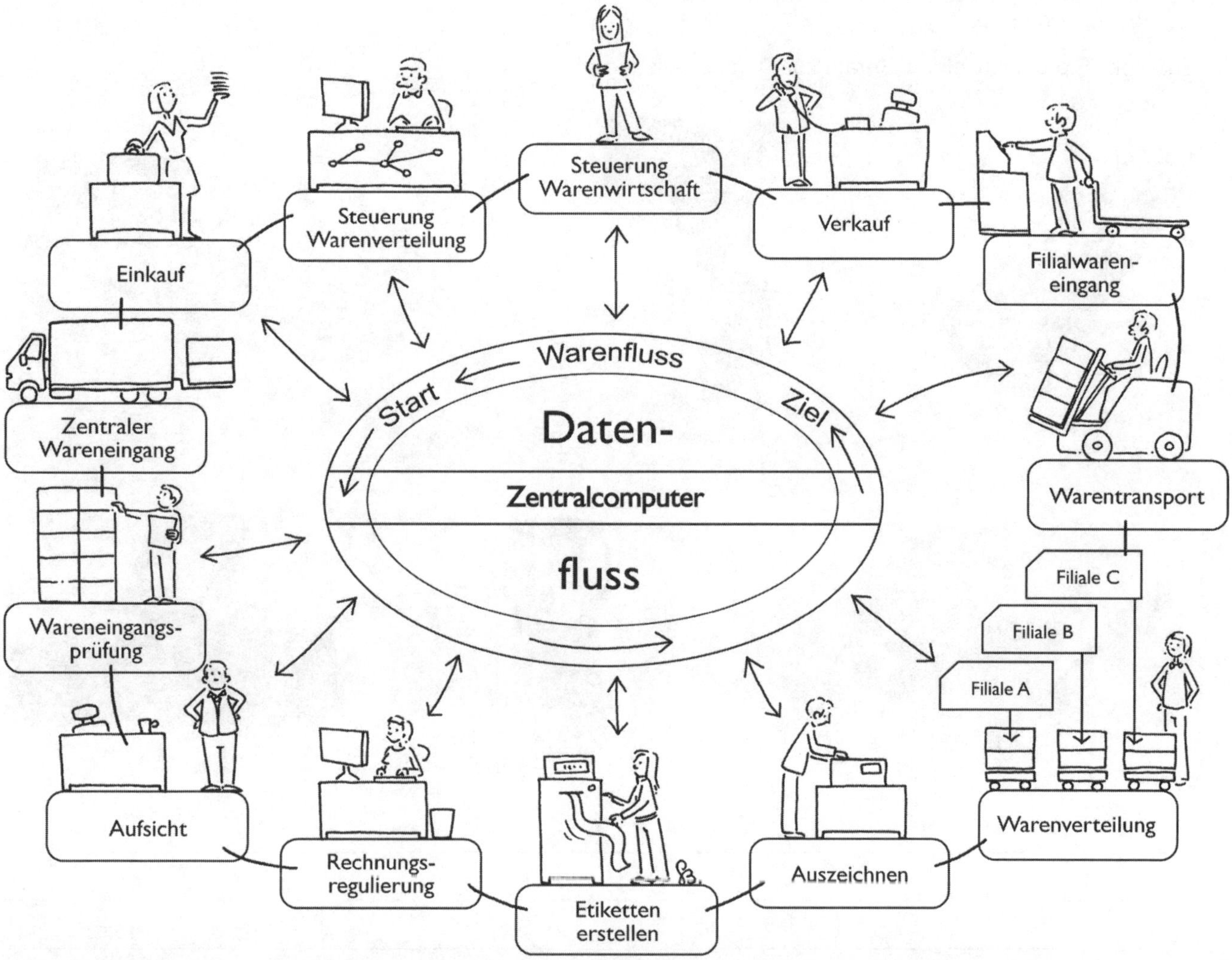

Mögliche Inhalte

Kaufmann/-frau im Einzelhandel

Warenwirtschaftliche Analyse (§3 Abs. 3, Nr. 3 VO-EH)	
Umsatzentwicklung (§3 Abs. 3, Nr. 3.1)	a) an der Erarbeitung von Umsatzstatistiken mitwirken, Umsatzkennziffern analysieren b) aus Umsatzstatistiken Maßnahmen zur Umsatzerhöhung ableiten und Umsetzungsvorschläge entwickeln c) an Maßnahmen zur Ertragsverbesserung mitwirken
Leistungskennziffern der Warenbewegung (§3 Abs. 3, Nr. 3.2 VO-EH)	a) Bedeutung von Leistungskennziffern für Warenbewegung und Geschäftserfolg erläutern b) bei der Ermittlung von Leistungskennziffern mitarbeiten c) Schlussfolgerungen zur Verbesserung der Leistungskennziffern ableiten, bei der Umsetzung mitwirken d) Auswirkungen der Veränderung von Leistungskennziffern auf Umsatzverläufe begründen
Bestandsführung (§3 Abs. 3, Nr. 3.3)	a) Steuerungsvorgänge bei der Warenbestellung berücksichtigen, Bestellvorschläge aus dem Warenwirtschaftssystem prüfen b) bei der Erstellung, Führung und Auswertung der Lagerstatistik mitwirken c) Ursachen für Inventurdifferenzen feststellen, Vorschläge für Inventursicherungsmaßnahmen entwickeln, bei der Umsetzung mitwirken

Situation zu Aufgabe 21

Sie sind Mitarbeiter/in in der Forum Warenhaus KG. Der Jahresumsatz beträgt ca. 25 Mio. EUR, täglich kommen 8000–30000 Kunden, die ein kundenorientiertes Sortiment aus über 100000 verschiedenen Artikeln vorfinden. Dies erfordert ein gut funktionierendes computergestütztes Warenwirtschaftssystem. Es hilft Ihnen, betriebliche Vorgänge von der Bestellung bis zur Kasse zu steuern.

Aufgabe 21

a) Erläutern Sie das computergestützte Warenwirtschaftssystem anhand der Darstellung auf Seite 27 hinsichtlich
   (1) des Datenfluss, beginnend beim Einkauf,
   (2) des Warenflusses.

b) Erläutern Sie die einzelnen Geräte zur Datenerfassung.

1

2

3

4

5

6

Situation zu Aufgabe 22

Sie sind Mitarbeiter/in in einem Warenhaus und verkaufen in der „Welt der schönen Dinge" Uhren und Schmuck. Ihnen liegt ein Auszug aus dem computergestützten Warenwirtschaftssystem Ihres Sortiments vor. Zu Ihren Aufgaben gehören wirtschaftliche Überlegungen zum kundenorientierten und profitablen Sortiment und zu den Warenbewegungen. Hier der Auszug eines Ausdrucks:

Artikel-nummer	Bezeichnung	Verkaufs-preis/EUR	Bestell-menge	Bestand	Monats-absatz	Monats-umsatz/EUR	Rohge-winn/EUR
41234567	**Armbanduhr Junior 12**	29,90	100	42	60	1794,00	588,00
24679078	**Armbanduhr Fossil 53**	69,90	160	20	90	6291,00	2709,00
17543780	**Armbanduhr White Titan 55**	59,00	100	36	60	3540,00	1290,00
76986510	**Swatch Chronograf 11**	110,00	50	38	40	4400,00	1540,00
90197686	**Esprit-Damenuhr Time 50**	110,00	50	40	30	3300,00	1260,00
30574522	**Funk-Solar Chronograf 95**	199,00	25	32	10	1990,00	930,00
19787650	**Funkuhr Gold Superior 100**	439,00	5	2	3	1317,00	630,00
98776451	**Funkwecker Typ 13**	9,90	200	95	100	990,00	200,00

Aufgabe 22

a) Welche zwei Produkte sind die laut Monatsabsatz mengenmäßigen
   (1) Renner,
   (2) Penner?

b) Welche zwei Produkte sind hinsichtlich des Monatsumsatzes
   (1) Renner,
   (2) Penner?

c) Welche zwei Produkte sind hinsichtlich des Rohgewinns
   (1) Renner,
   (2) Penner?

d) Ein Kollege meint, den Funkwecker Typ 13 sollte man aus dem Sortiment nehmen. Was meinen Sie?

e) Welche zwei Artikel sollten dringend nachbestellt werden, damit es zu keinen Umsatzeinbußen kommt?

f) Berechnen Sie den Meldebestand für den Artikel Fossil 53, wenn gegeben ist:
   - Sicherheitsbestand 15 Stück
   - Tagesumsatz 3 Stück
   - Lieferzeit 14 Tage

g) Bei welchem Produkt reicht der Vorrat mindestens drei Monate?

Situation zu Aufgabe 23

Sie sind Mitarbeiter/in in einem Verbrauchermarkt und nutzen das computergesteuerte Warenwirtschaftssystem. Sie sind für die Einkaufsplanung und die Bezugsquellenermittlung zuständig.
Ihre Arbeitsschritte sind:

Verkaufsdaten	→	Bedarfsermittlung	→	Planung der Bestellmenge	→	Bestellverfahren	→	Planung der Bezugsquellen
Wie viele Produkte wurden verkauft?		Welche und wie viele Produkte werden benötigt?		Wie viel soll bestellt werden?		Wann soll bestellt werden?		Wo soll bestellt werden?

Aufgabe 23

a) Erläutern Sie die genannten Prozessschritte.

b) Welche Arten der Inventur kennen Sie?

c) Wie gehen Sie in Ihrem Geschäft vor, um bei der Inventur die Warenbestände zu ermitteln?

d) Welche Hilfsmittel kommen zum Einsatz?

Situation zu Aufgabe 24

Sie sind Mitarbeiter/in in einem großen Sport-Fachgeschäft. Zu Ihren betrieblichen Aufgaben gehört die Analyse der Warenbewegungen, die Sie mithilfe des computergestützten Warenwirtschaftssystems vornehmen. Ihnen liegen folgende zwei Ausdrucke vor:

Artikelnummer	Artikelbezeichnung	Jahresabsatz/ Paare	durchschnittlicher Lagerbestand	Umschlagshäufigkeit	durchschnittliche Lagerdauer
4236524190671	Filke spezial	800	50		
4236524011981	Adis exklusiv	600	60		
4236524984211	Bergo premium	460	40		

Artikelnummer	Artikelbezeichnung	Jahresabsatz/ Paare	Bezugspreis/ EUR	Verkaufspreis/ EUR	Jahresrohgewinn/EUR
4236524190671	Filke spezial	800	9,95	17,90	
4236524011981	Adis exklusiv	600	8,95	17,90	
4236524984211	Bergo premium	460	12,00	24,90	

Aufgabe 24

a) Was versteht man unter der Umschlagshäufigkeit?

b) Wie wird diese berechnet?

c) Sie stellen fest, dass die Umschlagshäufigkeit zugenommen hat. Welche Auswirkungen hat dies in wirtschaftlicher Hinsicht?

d) Was gibt die Lagerdauer an und wie wird sie berechnet?

e) Wie errechnen Sie den Jahresrohgewinn z. B. des Artikels „Filke spezial“?

Situation zu Aufgabe 25

Ihnen liegen die Verkaufsdaten aus dem Artikelbereich „Welt der schönen Dinge“ eines Warenhauses vor.

Verkaufsdaten Monat Y in der Forum Warenhaus KG:				
Artikel-Nr.	Artikel: Armbanduhren	Verkaufspreis EUR	Absatzmenge	Umsatz
300 001	Circular	39,00	50	
300 002	Silber Berlin	49,00	40	
300 003	Funkuhr	69,00	30	
300 004	Design Cleopatra, Gold	739,00	3	
300 005	Impression	59,00	35	
300 006	Faberini	229,00	5	

Aufgabe 25

a) Ermitteln Sie die Umsätze der ersten beiden Produkte.

b) Welche jeweils zwei Artikel sind „Renner“, welche „Penner“ hinsichtlich
   (1) des Absatzes,
   (2) des Umsatzes?

c) Sollte die Design „Cleopatra Gold“ als „Penner“ aus dem Sortiment genommen werden?

d) Warum sollte zur Bedarfsermittlung nicht nur die Verkaufsmenge der Vorperiode herangezogen werden?

e) Welche Ziele verfolgt die Einkaufsplanung?

f) Stellen Sie die Vor- und Nachteile einer
   – hohen Bestellmenge
   – einer kleinen Bestellmenge
   gegenüber.

Warenwirtschaftliche Analyse

4 Kaufmännische Steuerung und Kontrolle

Mögliche Inhalte

Kaufmann/-frau im Einzelhandel

Kaufmännische Steuerung und Kontrolle (§3 Abs. 3, Nr. 4 VO-EH)	
Kosten- und Leistungsrechnung (§3 Abs. 3, Nr. 4.1)	a) Aufgaben der Kosten- und Leistungsrechnung im Betrieb als Informations- und Kontrollsystem erklären b) betriebliche Festlegungen für die Kosten- und Leistungsrechnung erläutern c) betriebswirtschaftliche Schlussfolgerungen aus der Kosten- und Leistungsrechnung ableiten
Steuerung mittels Kennziffern (§3 Abs. 3, Nr. 4.2)	a) betriebliche Leistungskennziffern ermitteln und bewerten, Schlussfolgerungen ableiten b) an der Erstellung und Auswertung von betrieblichen Statistiken mitwirken c) Maßnahmen der Steuerung einleiten, bei Durchführung der Maßnahmen mitwirken
Preisgestaltung (§3 Abs. 3, Nr. 4.3)	a) Preisfestlegungen vorschlagen b) Vor- und Nachkalkulationen durchführen
betriebliche Erfolgsrechnung (§3 Abs. 3, Nr. 4.4)	a) Arten der betrieblichen Erfolgsrechnung unterscheiden b) Rohertrag und betriebliche Erfolgsrechnung vergleichen, bewerten und Verbesserungsmöglichkeiten vorschlagen c) an betrieblichen Erfolgsrechnungen mitarbeiten

Situation zu Aufgabe 26

Ziel jedes Einzelhandelsgeschäfts ist es, erfolgreich zu sein. Als Mitarbeiter/in des Einzelhandels leisten Sie dazu Ihren Beitrag. Sie wissen, dass Sie viele kaufmännische Tätigkeiten erfolgreich steuern können.

Aufgabe 26

a) Erklären Sie die Begriffe:
   (1) fixe Kosten,
   (2) Aufwendungen,
   (3) Leistung/Ertrag.

b) Welche Aufgaben hat die Buchführung für das Einzelhandelsgeschäft?

c) Was besagt
   (1) die Personalproduktivität, wie wird sie errechnet;
   (2) die Flächenproduktivität, wie wird sie errechnet?
   (3) Nehmen Sie zu beiden Kennzahlen eine „realistische Schätzung" Ihres Geschäfts vor.

Situation zu Aufgabe 27

Sie sind für den Bereich Obst und Gemüse verantwortlich. Um diesen Bereich erfolgreich zu führen, brauchen Sie die notwendige Fachkompetenz.

Aufgabe 27

a) Welche Probleme ergeben sich in diesem Bereich im Hochsommer bei einer Hitzeperiode?

b) Wie wirken sich „Abschriften" auf den Betriebserfolg aus?

c) Was beachten Sie bei der Sortimentsgestaltung im Bereich Obst und Gemüse besonders?

d) Welche Möglichkeiten sollten Sie bei nicht mehr ganz einwandfreiem, aber immer noch verkäuflichem Obst ergreifen hinsichtlich
   (1) der Preisgestaltung,
   (2) der Warenplatzierung?

Situation zu Aufgabe 28

Sie haben gelernt, dass Steuerung und Kontrolle im Betrieb wichtig sind, um erfolgreich zu sein. Als „Instrumente" zur Steuerung stehen Ihnen diverse „Kennziffern" zur Verfügung.

Aufgabe 28

a) Erläutern Sie folgende „Kennziffern" und geben Sie Auskunft, wie nützlich bzw. bedeutend diese für die Beurteilung des Betriebserfolgs sind:
   (1) Lagerumschlagshäufigkeit
   (2) mengenmäßiger Renner
   (3) umsatzmäßiger Renner
   (4) Handelsspanne

b) Was können Sie gegen Gewinnrückgang tun?

Situation zu Aufgabe 29

Jeder Betrieb ist verpflichtet, Inventur und Bilanz zu erstellen. Darüber hinaus will der Geschäftsinhaber wissen, woher Gewinne bzw. Verluste kommen, um entsprechend steuern zu können.

Aufgabe 29

a) Erläutern Sie die Bedeutung der Jahresinventur.

b) Wie gehen Sie in Ihrem Geschäft dabei vor?

d) Welche Positionen finden Sie in der GuV-Rechnung
   (1) auf der Aufwandsseite,
   (2) auf der Ertragsseite?

d) (1) Was besagt die Umsatzrentabilität?
   (2) Wie hoch ist diese etwa in Ihrer Branche?

Situation zu Aufgabe 30

Jedes Geschäft passt sein Sortiment den wechselnden Kundenbedürfnissen an. Neue Produkte werden ins Sortiment aufgenommen.

Aufgabe 30

a) Kalkulieren Sie den Verkaufspreis eines Artikels Ihres Geschäfts und nennen Sie die entsprechenden Positionen des Kalkulationsschemas.

b) Zu welchem etwaigen Verkaufspreis können Sie einen Artikel Ihres Geschäftszweigs/Ihrer Abteilung verkaufen, wenn der Bezugspreis 10,00 EUR beträgt?

c) Das Selbstbedienungsregal hat verschiedene Regalzonen bzw. Regalhöhen.
   (1) Bezeichnen Sie die Regalzonen mit den etwaigen Regalhöhen.
   (2) Welche Regalzonen sind von der Platzierung her die besten und warum?

5 Marketing

Mögliche Inhalte

Verkäufer

Marketingmaßnahmen (§3 Abs. 2, Nr. 4 VO-EH)	
Werbung (§3 Abs. 2, Nr. 4.1)	a) an Maßnahmen der Werbung und der Verkaufsförderung mitwirken, Ergebnisse auswerten; Auswahl von Werbemitteln und Werbeträgern begründen b) Zusammenhänge zwischen Werbemitteln und Werbeträgern sowie Werbekosten und Werbeerfolg an Beispielen des Ausbildungsbetriebes erläutern c) bei Werbeerfolgskontrollen mitwirken
visuelle Verkaufsförderung (§3 Abs. 2, Nr. 4.2)	a) Ziele und Aufgaben der visuellen Verkaufsförderung nutzen, Wirkungen typischer Techniken darstellen b) Grundlagen der Sinneswahrnehmung und verkaufspsychologischer Erkenntnisse sowie daraus resultierende Anforderungen an die Gestaltung der Warenpräsentation erklären c) Erwartungen der Kunden bei der Warenpräsentation berücksichtigen
Kundenbindung, Kundenservice (§3 Abs. 2, Nr. 4.3)	a) Einfluss von Kundenbindung und Kundenservice auf den Verkaufserfolg beachten b) Geschenkverpackung anbieten c) beim Einsatz von besonderen Formen des Kundenservice im Ausbildungsbetrieb mitwirken d) bei der Planung und Durchführung von Sonderaktionen mitwirken

Kaufmann/-frau im Einzelhandel

Marketing (§12 Abs. 3, Nr. 5 VO-EH)	
Verkaufsförderung (§3 Abs. 3, Nr. 5.1)	a) verkaufsstarke und verkaufsschwache Zonen feststellen b) bei der Planung und Auswertung von verkaufsfördernden Maßnahmen mitwirken, verkaufsfördernde Maßnahmen durchführen c) bei der Vorbereitung und Umsetzung von Umplatzierungen im Verkaufsraum mitwirken
Standortmarketing (§3 Abs. 3, Nr. 5.2)	a) Marktsituation am Standort unter wirtschaftlichen und regionalen Gesichtspunkten beurteilen b) Standortmarketing für Bestandssicherung und Weiterentwicklung des Ausbildungsbetriebes erklären, Vorschläge entwickeln c) Marktauftritt von Mitbewerbern beobachten, Schlussfolgerungen ziehen, Maßnahmen zur Verbesserung des eigenen Marktauftritts vorschlagen d) wettbewerbsrechtliche Grundlagen berücksichtigen
Zielgruppenmarketing (§3 Abs. 3, Nr. 5.3)	a) Vorschläge für den Einsatz von Marketinginstrumenten aus Ergebnissen der Marktforschung zum Kaufverhalten ableiten b) Kauf- und Konsumverhalten von Zielgruppen hinsichtlich ihrer Auswirkungen auf den Ausbildungsbetrieb erläutern, Konsequenzen ableiten und Maßnahmen vorschlagen c) zielgruppenorientierte Produktinformationen für die Verkaufsförderung im Ausbildungsbetrieb einsetzen d) Marketinginstrumente von Mitbewerbern beobachten und Handlungsempfehlungen für den eigenen Betrieb ableiten

Situation zu Aufgabe 31

Als Mitarbeiterin eines Einzelhandelsgeschäfts werden Sie oftmals mit dem Thema Werbung konfrontiert. Außerdem begegnen Ihnen als Konsument täglich unzählige Werbebotschaften.

Aufgabe 31

a) Machen Sie Aussagen zu Aufgaben und Zielen der Werbung.

b) Auch Ihr Einzelhandelsbetrieb betreibt Werbung, vermutlich auf unterschiedliche Art.
   (1) Welche Werbemittel gibt es im Einzelhandel?
   (2) Welche Werbemittel setzt Ihr Geschäft verstärkt ein? Begründung.

c) Welche Vorteile bieten
   (1) die Einzelwerbung,
   (2) die Gemeinschaftswerbung,
   (3) die Sammelwerbung,
   (4) die Verbundwerbung?

d) (1) Was verstehen Sie unter dem Begriff „Zielgruppe"?
   (2) Beschreiben Sie die Zielgruppen, die Ihr Geschäft bei Werbemaßnahmen anspricht.

Situation zu Aufgabe 32

Sie sind Mitarbeiter/in eines Einzelhandelsgeschäfts. Machen Sie sich Gedanken zu verschiedenen, möglichst wirkungsvollen Werbemaßnahmen.

Aufgabe 32

a) Welche Schritte umfasst Ihre Werbeplanung?

b) Werbebotschaften wollen wirkungsvoll sein. Erläutern Sie dies am Beispiel der AIDA-Formel.

c) Was ist bei der Werbesprache zu beachten?

d) Die Werbeerfolgskontrolle zeigt, wie erfolgreich die Werbemaßnahme war. Welche Methoden der Werbeerfolgskontrollen kennen Sie?

Situation zu Aufgabe 33

Sie sind Mitarbeiter/in im Einzelhandel und stellen fest, dass verkaufswirksame Warenpräsentation und Warenplatzierung dem Geschäft Erfolg bringen.

Aufgabe 33

a) Unterscheiden Sie Warenpräsentation und Warenplatzierung.

b) Je nachdem, ob Ihr Kunde einen Erlebniskauf oder einen Versorgungskauf tätigt, gestalten Sie die Warenpräsentation bzw. die Warenplatzierung.
   (1) Charakterisieren Sie beide Käufe.
   (2) Welche Verkaufsformen liegen meist bei Erlebnis- bzw. bei Versorgungskäufen vor?
   (3) Welche Betriebsformen passen gut zu den Erlebnis- bzw. Versorgungskäufen?

c) Angenommen, Sie sind Mitarbeiter/-in im Bereich der Versorgungskäufe, z. B. im Supermarkt u. Ä. Sie wollen entsprechend dem Kundenlauf die Produkte platzieren.
   (1) Wo sind die verkaufsstarken,
   (2) wo sind die verkaufsschwachen Zonen?

d) Machen Sie Aussagen zu Selbstbedienungsregalen hinsichtlich der Regalzonen, der dazugehörigen Regalhöhen und deren Wertigkeit.

Situation zu Aufgabe 34

Sie sind in einem Fachgeschäft, z. B. für Bekleidung u. Ä. beschäftigt. Ihr Abteilungsleiter bittet Sie, Anregungen zum Thema „Visual Merchandising" einzubringen, die sich im Fachgeschäft verwirklichen lassen.

Aufgabe 34

a) Was verstehen Sie unter Visual Merchandising?

b) Nennen Sie Ziele und Maßnahmen von Visual Merchandising.

c) Welche Ideen von Visual Merchandising lassen sich in Ihrem Ausbildungsbetrieb realisieren?

d) Welche Serviceleistungen in Verbindung mit dem Produkt bietet ein Fachgeschäft z. B. für Bekleidung o. Ä. üblicherweise an?

e) Unter welchen Bedingungen geben Sie als Serviceleistung einem Kunden eine Auswahlsendung mit nach Hause?

f) Auch bei der Bezahlung von Waren ist es wichtig, auf die Zahlungswünsche der Kunden einzugehen. Welchen Service sind hier in einem Großbetrieb des Einzelhandels üblich?

g) Welche Vorteile bietet die Kundenkarte/Payback-Karte eines großen Geschäfts
   (1) dem Kunden,
   (2) dem Geschäft?

Situation zu Aufgabe 35

Angesichts des harten, teils ruinösen Wettbewerbs im Einzelhandel sind Ihre kreativen Ideen zur Verkaufsförderung gefragt.

Aufgabe 35

a) Was verstehen Sie unter Verkaufsförderung am POS?

b) Welche einzelnen Ziele verfolgen die Geschäfte mit der Verkaufsförderung?

c) Nennen Sie fünf verkaufsfördernde Maßnahmen.

d) Beschreiben Sie eine in Ihrem Geschäft besonders erfolgreiche Maßnahme und begründen Sie den Erfolg.

e) Die Wünsche der Kunden ändern sich. In vielen Lebens- und Erlebnisbereichen der Kunden kommen neue Produkte auf den Markt. Nach welchen Gesichtspunkten sollten kundenorientierte Sortimente gestaltet werden?

f) Sortimentspolitik Ihres Geschäfts umfasst auch Sortimentserweiterung und Sortimentsbereinigung. Geben Sie Beispiele für solche Maßnahmen.

g) Welche Faktoren bestimmen den Verkaufspreis eines Produktes?

h) Vielfach ermittelt der Einzelhändler den Verkaufspreis seiner Produkte mithilfe des Kalkulationsschemas. Nennen Sie, vom Einkaufs-(Listen)preis ausgehend, die Ab- bzw. Zuschläge, um zum Ladenpreis zu kommen.

i) Welche Bedeutung hat die Mischkalkulation im Einzelhandel?

6 IT-Anwendungen

Mögliche Inhalte

Kaufmann/-frau im Einzelhandel

IT-Anwendungen (§3 Abs. 3, Nr. 6 VO-EH)	
elektronische Geschäftsabwicklung (§3 Abs. 3, Nr. 6.1)	a) Austauschbeziehungen zu anderen Unternehmen und Endverbrauchern darstellen, Geschäftsprozesse sowie deren Unterstützung durch IT-Anwendungen erläutern b) Maßnahmen zur Behebung von Störungen in der IT-Anwendung einleiten c) interne und externe elektronische Dienste nutzen d) Vor- und Nachteile von E-Commerce und E-Business aus Sicht von Unternehmen und Kunden beurteilen
Datenbanken (§3 Abs. 3, Nr. 6.2)	a) Artikelstammdaten im Warenwirtschaftssystem erstellen und pflegen b) Daten zur Unterstützung unternehmerischer Entscheidungen aufbereiten c) Vorschläge zur Verbesserung von Sortimentsstrukturen, Logistikprozessen und Marketingaktionen entwickeln d) Datenbanken auswerten
Optimierung der Warenwirtschaft (§3 Abs. 3, Nr. 6.3)	a) Bestandteile des Warenwirtschaftssystems in ihrem Zusammenwirken auf die Steuerung der Arbeitsabläufe erklären b) bei Analysen und Auswertungen von Kennziffern und Statistiken mitwirken c) Ergebnisse des Warenwirtschaftssystems in Absatzprognosen umsetzen, Schlussfolgerungen für Lagerbestände und Aktionen der Verkaufsförderung ziehen
Benutzerunterstützung (§3 Abs. 3, Nr. 6.4)	a) Benutzer in die Bedienung und Nutzung von informations- und kommunikationstechnischen Geräten einweisen und beraten b) Bedienungsunterlagen bereitstellen, Hilfe-Programme nutzen

Situation zu Aufgabe 36

Sie sind Mitarbeiter/in in der Forum Warenhaus KG.

Aufgabe 36

a) Zählen Sie fünf Leistungsmerkmale eines modernen Telefons auf und erläutern Sie diese.

b) Wovon hängen die Verbindungskosten ab?

c) Unterscheiden Sie zwischen Datenschutz und Datensicherung.

d) Welche Ziele verfolgt die Datenverarbeitung im Einzelhandel?

Situation zu Aufgabe 37

Millionen von Privathaushalten und nahezu alle Geschäftsbetriebe nutzen das Internet.

Aufgabe 37

a) Worin besteht das Grundprinzip der Datenverarbeitung? Zeigen Sie dies am Beispiel einer Datenkasse.

b) Welche Voraussetzungen müssen für einen Internetzugang gegeben sein?

c) Beschreiben Sie das Wesentliche des Internets.

c) Welche Vorteile bietet das Internet?

Situation zu Aufgabe 38

Jedes Geschäft, auch Ihres, verfügt über mindestens ein Telefax als Telekommunikationsmittel.

Aufgabe 38

a) Welche Vorteile bietet die Telekommunikation per Fax?

b) Beschreiben Sie den Geräteaufbau eines Faxgeräts.

c) Welcher Unterschied besteht in der Übermittlung zwischen Fax und E-Mail?

Situation zu Aufgabe 39

Millionen von privaten Kunden, nahezu alle Einzelhandelsgeschäfte, die gewerbliche Wirtschaft, Institutionen und Organisationen nutzen Dienste des Internets.

Aufgabe 39

a) Beschreiben Sie, welche einzelnen Dienste diese Kunden in Anspruch nehmen können.

b) Welche Dienste umfasst das Internet?

c) Erläutern Sie die Begriffe Hard- und Software und geben Sie Beispiele aus dem Einzelhandel.

Situation zu Aufgabe 40

Sie sind Mitarbeiter/in in einem großen Einzelhandelsgeschäft, z.B. in einem Warenhaus oder in einem Verbrauchermarkt. Gute Teamarbeit fördert Ihr Interesse und gleichzeitig das Interesse der Geschäftsleitung.

Aufgabe 40

a) Was verstehen Sie unter Teamarbeit, welche Bedeutung hat diese im Betrieb?

b) Geben Sie Beispiele für betriebliche Handlungen, wenn Sie und Ihre Kollegen in Verbindung mit Ihren Vorgesetzten Teamarbeit planen.

c) Interessensunterschiede, Kommunikationsstörungen und Konflikte kommen auch in Einzelhandelsgeschäften vor. Nennen Sie Beispiele, die zur Konfliktlösung beitragen.

7 Personal

Mögliche Inhalte

Kaufmann/-frau im Einzelhandel

Personal (§3 Abs. 3, Nr. 7 VO-EH)	
Selbstverantwortung und Motivation (§3 Abs. 3, Nr. 7.1)	a) Bedeutung von Motivation und Selbstverantwortung für den wirtschaftlichen Erfolg erläutern b) individuelle Voraussetzungen von Mitarbeitern und Mitarbeiterinnen bei der Vorbereitung von Personalentscheidungen berücksichtigen c) Mitarbeiterführung als dynamischen, sich ständig verändernden Prozess erklären
Führen mit Zielen (§3 Abs. 3, Nr. 7.2)	a) Vorteile des Führens mit Zielen erläutern b) Zielsysteme als inhaltliche Aufgabenstellung erläutern c) Maßnahmepläne aus Zielen ableiten, Zielerreichung überprüfen
Selbst- und Zeitmanagement (§3 Abs. 3, Nr. 7.3)	a) Zusammenhänge von Selbst- und Zeitmanagement, Leistungssteigerung und Stress erläutern b) Methoden des Selbst- und Zeitmanagements nutzen
Kommunikation (§3 Abs. 3, Nr. 7.4)	a) Möglichkeiten der Konfliktlösung insbesondere mit dem Ziel anwenden, Motivation, Arbeitsklima und Arbeitsleistung zu verbessern b) sprachliche und nichtsprachliche Kommunikation im Mitarbeitergespräch anwenden c) Selbstbild und Fremdbild bei der Kommunikation berücksichtigen d) Einsatz und Durchführung von Kritikgesprächen in Konfliktsituationen beschreiben
Personalentwicklung (§3 Abs. 3, Nr. 7.5)	a) Ziele der Personalentwicklung des Ausbildungsbetriebs erläutern b) aus Personalbedarfsplanung, Personaleinsatz und Qualifikationsbedarf Maßnahmen zur Personalentwicklung ableiten
Personaleinsatz (§3 Abs. 3, Nr. 7.6)	a) Bedeutung von Kompetenzstrukturen erläutern b) Personaleinsatzplanung erstellen c) arbeits- und sozialrechtliche Vorschriften bei Personalplanung und -einsatz anwenden

Situation zu Aufgabe 41

Sie sind beauftragt, die Gehaltsabrechnung verschiedener Mitarbeiter durchzuführen.

Aufgabe 41

a) Aus welchen Einzelbeiträgen setzt sich das Bruttogehalt eines Verkäufers zusammen?
b) Welche gesetzlichen Abzüge fallen üblicherweise an?
c) Welche Institutionen sind Empfänger der gesetzlichen Abzüge?
d) Wie ist die Gehaltsabrechnung Ihrer Mitarbeiter aufgebaut?
e) Mit welchen Lohnsteuerklassen haben sie zu tun und welcher Personenkreis ist davon betroffen?

Situation zu Aufgabe 42

Ihr Geschäft ist sehr erfolgreich und expandiert. Sie sind als Abteilungsleiter auch für das Personal Ihrer Abteilung verantwortlich.

Aufgabe 42

a) Welche Überlegungen stellen Sie bei der Personalbedarfsplanung an?
b) Nennen Sie Vor- und Nachteile für eine unternehmensinterne Personalbeschaffung.
c) Worin zeichnet sich die Qualität eines „guten“ Beratungsgesprächs eines Mitarbeiters aus?
d) Welche Lohn- bzw. Gehaltsergänzungen sind im Einzelhandel denkbar?

Situation zu Aufgabe 43

Im Großbetrieb, z. B. in einem SB-Verbrauchermarkt besteht die Chance für „gute“ Einzelhandelskaufleute, nach wenigen Jahren Berufstätigkeit die Position eines Substituten bzw. Abteilungsleiters einnehmen zu können.

Aufgabe 43

a) Was verstehen Sie unter „guten“ Einzelhandelskaufleuten?
b) Welches Ziel verfolgt z. B. ein Warenhaus bei der Personalplanung in Abteilungen mit beratungsintensiven Produkten?
c) Welche wichtigen Inhalte regelt ein Arbeitsvertrag?

Situation zu Aufgabe 44

In einem großen Verbrauchermarkt bilden sich zu bestimmten Zeiten immer wieder lange Warteschlangen vor der Kasse.

Aufgabe 44

a) Was unternehmen Sie, um dies zu vermeiden? Gleichzeitig wollen Sie die Personalkosten in Grenzen halten.

b) Um freundliche und gewissenhafte Kassiererinnen zu finden, beschließt die Geschäftsführung eine Stellenbeschreibung. Welche Angaben sollte diese enthalten?

c) Nennen Sie Gründe für
   (1) eine ordentliche,
   (2) außerordentliche Kündigung.

Situation zu Aufgabe 45

Eine Mitarbeiterbefragung in einem Baumarkt hat ergeben, dass das Betriebsklima dort als „nicht gut" bezeichnet werden kann.

Aufgabe 45

a) Nennen Sie Beispiele, die das Betriebsklima betreffen.

b) Welche Maßnahmen sind geeignet, das Betriebsklima zu verbessern?

c) Es wird festgestellt, dass in Einzelfällen sogar Mobbing im Spiel ist. Was verstehen Sie darunter?

d) Mitarbeiter, die den Betrieb verlassen, haben Anspruch auf ein Zeugnis. Welche Inhalte finden Sie in
   (1) einem einfachen Zeugnis,
   (2) einem qualifizierten Zeugnis?

8 Grundlagen unternehmerischer Selbstständigkeit

Mögliche Inhalte

Kaufmann/-frau im Einzelhandel

Grundlagen unternehmerischer Selbstständigkeit (§3 Abs. 3, Nr. 8 VO-EH)	a) Unternehmerische Selbstständigkeit als Perspektive der Berufs- und Lebensplanung begründen b) Anforderungen an persönliche und fachliche Eignung für unternehmerische Selbstständigkeit c) Voraussetzungen und Rahmenbedingungen, Chancen und Risiken unternehmerischer Selbstständigkeit aufzeigen d) Schritt in die Selbstständigkeit planen, Geschäftsidee entwickeln, Gründungskonzept erstellen und präsentieren e) Marktforschungsdaten und Standortanalyse bei Gründung oder Übernahme eines Unternehmens berücksichtigen f) Rechtliche Bedingungen bei Gründung und Übernahme eines Unternehmens erläutern g) Rechtsformen unterscheiden und eine geeignete auswählen h) Finanzierungsquellen und Fördermöglichkeiten für unternehmerische Selbstständigkeit erkunden und auswählen, Finanzierung planen i) Versicherungsarten für unternehmerische Selbstständigkeit auswählen j) Steuerarten im Rahmen der unternehmerischen Selbstständigkeit aufzeigen k) Kennziffern zur Steuerung des Unternehmens bewerten

Situation zu Aufgabe 46

Einer Ihrer Bekannten ist seit fünf Jahren als Verkaufsberater in einem Sportfachgeschäft beschäftigt. Er möchte sich selbstständig machen. Sein kaufmännisches Wissen lässt jedoch zu wünschen übrig. Aus diesem Grund bittet er Sie um Rat. Sie besprechen mit Ihrem Bekannten die Voraussetzungen einer Unternehmensgründung.

Aufgabe 46

Nennen Sie einige persönliche, rechtliche und sachliche Voraussetzungen für die Gründung eines Unternehmens.

Situation zu Aufgabe 47

Ein kleines Sportfachgeschäft hat sich in einer Nebengasse der Fußgängerzone (1b-Lage) niedergelassen.

Aufgabe 47

Suchen Sie je zwei Argumente für und gegen diese Standortwahl.

Situation zu Aufgabe 48

Man unterscheidet Personengesellschaften und Kapitalgesellschaften.

Aufgabe 48

Nennen Sie die wichtigsten Unterschiede von Personen- und Kapitalgesellschaften.

Situation zu Aufgabe 49

Sie sind bei der Forum Warenhaus KG angestellt. Zwei Ihrer Bekannten sind bei der Best Product GmbH beschäftigt.

Aufgabe 49

Unterscheiden Sie die Rechtsformen GmbH und KG anhand der Merkmale Kapitalaufbringung, Haftung, Geschäftsführung und Vertretung.

Situation zu Aufgabe 50

Jeder Existenzgründer ist mit umfangreichen steuerrechtlichen Vorschriften konfrontiert.

Aufgabe 50

Geben Sie drei Steuern an, die der Gründer eines Einzelhandelsgeschäfts beachten muss. Erklären Sie diese Steuerarten kurz.

Situation zu Aufgabe 51

Eine Einzelhandelskauffrau plant die Eröffnung eines eigenen Geschäfts.

Aufgabe 51

Nennen Sie einige Vorteile und Nachteile der beruflichen Selbstständigkeit.

Lösungen

1 Beratung, Ware und Verkauf

Aufgabe 1

a) Sortimentsaufbau meiner Abteilung: individuell beantworten

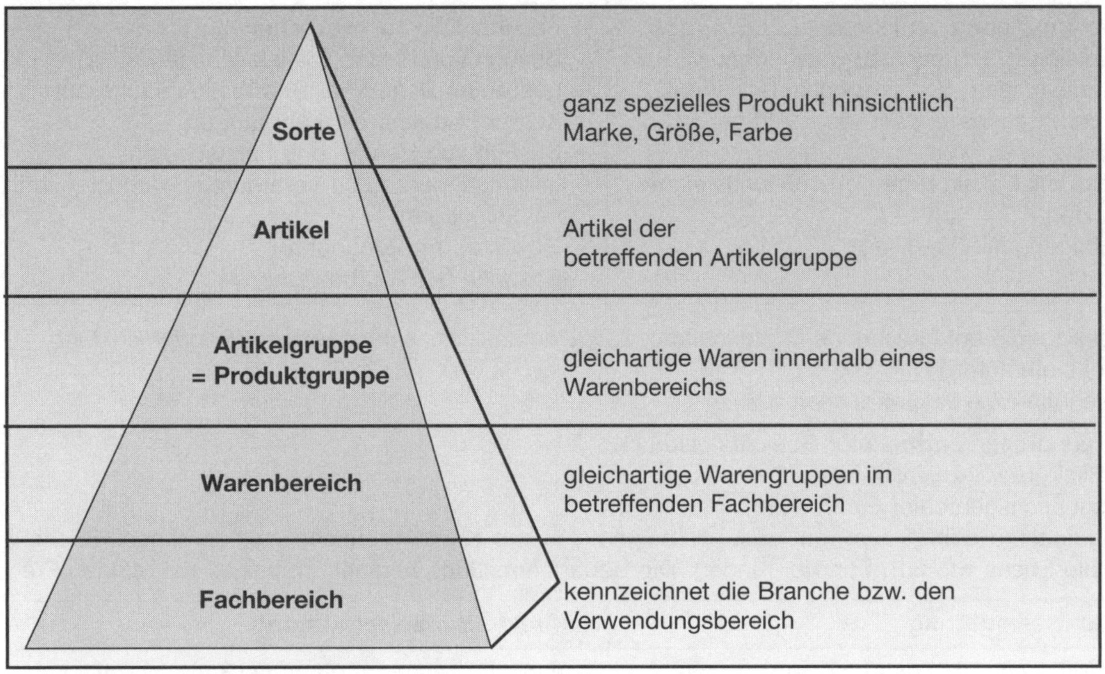

b) (1) **Sortimentsstruktur**: Aufbau der Sortimente hinsichtlich Sortimentsbreite, -tiefe, Kern-, Randsortimente, Markenartikel, Handelsmarken, No-name-Produkte
(2) **Sortimentsbreite**: Das Geschäft führt **viele** Warengruppen
(3) **Sortimentstiefe**: Das Geschäft führt in einer Warengruppe viele verschiedene Artikel
(4) – Kernsortiment: Hauptartikel/-umsatzträger des Geschäfts, mengen- bzw. wertmäßig
– Randsortiment: Produkte, die zu Hauptartikeln passen bzw. diese ergänzen

c) (1) **Markenartikel**: Der Hersteller bringt sein qualitativ hochwertiges und (meist) hochpreisiges Produkt unter einheitlicher Aufmachung, gleichbleibender Qualität und intensiver Werbung auf den Markt. Beispiele: Adidas, Bosch, Coca-Cola ...
(2) **Handelsmarke**: Der Einzelhändler/Filialist bringt eigene Produkte unter seiner Handelsmarke mit einem deutlich erkennbaren Preisvorteil gegenüber bekannten Markenartikeln auf den Markt. Beispiele: Tandil, AS

d) Einzelhändler erbringen Leistungen, die sich an den Wünschen und Erwartungen der Kunden orientieren und diese erfüllen. Beispiele: gute Auswahl an Produkten, hochwertige Produkte, qualifizierte Beratung, freundliche Verkäufer, günstiges Preis-Leistungsverhältnis, nützliche Serviceleistungen.
Kundenorientierung bewirkt, dass,
– Kunden mit den angebotenen Leistungen zufrieden sind und wiederkommen; es entsteht Kundenbindung,
– Geschäfte sich im Wettbewerb erfolgreich behaupten.
Stimmt die Kundenorientierung nicht, kehrt der Kunde dem Geschäft den Rücken und wendet sich dorthin, wo er glaubt, bessere Leistungen zu finden.

Aufgabe 2

a) Zielgruppe: eine klar definierte Personengruppe, die nach unterschiedlichen Gesichtspunkten wie z. B. Interessen, Verhalten, Kaufmotive, Konsumneigung, Einkommen usw. gegenüber anderen Gruppen abgegrenzt ist. Beispiele: Hausfrauen, Jugendliche, Senioren, Berufstätige

b) Beispiele:

Informationsquellen	
Innerbetrieblich:	**Außerbetrieblich:**
– Produktinformationen der Hersteller, z. B. Prospekte, Kataloge, Gebrauchsanweisungen, Betriebsanleitungen, Verpackungsaufschriften – Schulungen, Seminare, Lehrgänge auf betrieblicher Ebene – Gespräche mit Fachkollegen, Ausbildungsleitern, Vorgesetzten – aktiver Umgang mit der Ware	– Fachbücher, Fachzeitschriften – Besuch von Messen, Ausstellungen – überbetriebliche Fort- und Weiterbildung auf Kursen, Seminaren, Lehrgängen – Besuch von Berufs- und Fachschulen – Informationen durch Verbraucher- und Erzeugervereinigungen – Gesetze, Verordnungen – Besuche bei Wettbewerbern

c) – Fachmessen für die entsprechende Moderichtung, z. B. Damen-, Herrenmodewoche, Sportbekleidung;
– Besuch bei Lieferanten;
– Modezeitschriften wie Textilwirtschaft u. Ä.

d) Beispiel: – freundlicher, entspannter Gesichtsausdruck,
– Blick- bzw. Augenkontakt,
– situationsgerechter Gruß.

Zur Kontaktaufnahme gehört auch gut zuzuhören, gemeinsame Kontaktbereiche anzusprechen (Sachebene und emotionale Ebene wie z. B. Familie, Kinder). Die Bedarfsermittlung beginnt am besten mit offenen Fragen.

e)

Direkte Bedarfsermittlung	**Indirekte Bedarfsermittlung**
– mit offenen Fragen (W-Fragen) Zweck, Anlass, Einsatz, Vorstellung des Kunden hinsichtlich des gewünschten Produkts erfragen – z. B. *„Zu welcher Gelegenheit möchten Sie die Schuhe tragen?“* Hieraus auf den Bedarf/die Ware schließen und entsprechende Ware vorlegen	– wenige Fragen zur genauen Bedarfsermittlung stellen und gleich ein „Testangebot“ vorlegen: z. B. 2–3 Hosen vorlegen – aus Kundenreaktionen Rückschlüsse ziehen hinsichtlich Ware, Preis, z. B. Kunde legt Hose auf die Seite: andere Hose vorlegen
– Vorteil: Individuelle Wünsche werden ermittelt, Problemlösungen leichter möglich	– Vorteil: kein „Ausfragen“, Interesse des Kunden wird gleich auf das Produkt gelenkt
Ungeeignete/weniger günstige Fragen: z. B. nach der Farbe und nach dem Preis, weil solche Fragen – eine Entscheidung des Kunden erfordern und häufig zu früh kommen, – die Auswahl an infrage kommenden Produkten einengen, – Kunden und Verkäufer festlegen.	

Aufgabe 3

a) (1) **Kontaktaufnahme im Beratungsgespräch:** freundlicher, entspannter Gesichtsausdruck, Blick- bzw. Augenkontakt, situationsgerechter Gruß, gut zuhören, gemeinsame Kontaktbereiche ansprechen (Sachebene und emotionale Ebene wie Urlaub, Familie). Bedarf am besten mit offenen Fragen ermitteln.

(2) **Kontaktaufnahme bei Vorwahl:** Warenbezogene Kontaktaufnahme: Den Kunden über die Ware ansprechen oder personenbezogen, wenn der Kunde persönlich bekannt ist.

(3) **Kontaktaufnahme beim Aushändigungsverkauf:** Nach einer freundlichen Begrüßung erfolgt die warenbezogene Kontaktaufnahme.

(4) **Kontaktaufnahme mit „sich umschauenden" Kunden:** Wir sprechen den Kunden waren- oder personenbezogen an und erfahren, dass er sich „nur mal umschauen" will. Wir sagen z. B. „*Bitte schauen Sie sich in aller Ruhe um, weitere Modelle finden Sie …*" oder „*Wenn Sie Fragen haben, stehe ich Ihnen auf Wunsch gerne zur Verfügung …*"

(5) **Kontaktaufnahme bei Selbstbedienung:** erfolgt selten und bezieht sich z. B. auf Fragen des Kunden nach dem Standort des gewünschten Produkts, der Verpackungseinheit, dem Inhalt, der Menge u. Ä. Ein positiv gestaltetes Verhalten stärkt Kundenorientierung und Kundenbindung.

b) Zwei Möglichkeiten: die direkte und die indirekte Bedarfsermittlung. Beide Methoden sind gut; die direkte wird wohl häufiger angewandt. Hier nochmals die wesentlichen Merkmale: (vgl. Aufgabe 2e).

Direkte Methode:
- „Für welchen Zweck, Anlass, zu welcher Gelegenheit möchten Sie …"
- „Für welchen Einsatzbereich soll …"
- „Welche Wünsche/Erwartungen/Anforderungen stellen Sie an …"

Grundsätze der Warenvorführung

c)

Welche Waren?	**Welche Preislage?**	**Wie viele Waren?**
Waren, die dem Kaufwunsch des Kunden entsprechen hinsichtlich: – Verwendungsmöglichkeiten – Anlass, Zweck – Qualitäten	unterschiedliche Preislagen, keine Extrempreislagen; damit werden Ausweichmöglichkeiten nach unten und oben offen gehalten	Kunde erwartet Auswahl, ca. 3–5 Artikel (zu viele Artikel verwirren den Kunden, zu wenige bieten keine Vergleichsmöglichkeiten)
Eine wirkungsvolle Warenvorführung – zeigt erklärungsbedürftige Produkte in ihren Verwendungs- und Gebrauchsmöglichkeiten, z. B. die Digitalkamera, – weist auf Besonderheiten hin, z. B. mögliche Bildausschnitte und Vergrößerungen, – zeigt die Vorteile und Eigenschaften des Produkts, z. B. die Bedienung der Digitalkamera, – wird von treffenden Aussagen des Verkaufsberaters unterstützt, – verwendet Eigenschaftswörter, welche die Qualität erläutern, Vorteile und Eigenschaften des Produkts verdeutlichen, z. B. „umfangreiche Ausstattung, kreative Möglichkeiten, leichtes Handling", – spricht mehrere Sinne des Kunden an: den Kunden die Ware anfassen lassen, evtl. riechen, kosten lassen, – aktiviert den Kunden: Lassen Sie den Kunden das Produkt ausprobieren/anprobieren, damit er sich selbst überzeugt.		

Aufgabe 4

a) Vorteile einer gekonnten Warenvorführung:
- Aufmerksamkeit und Interesse des Kunden werden geweckt,
- Kunde wird besser von den Vorteilen und vom Nutzen eines Produkts überzeugt,
- der Besitzwunsch wird gesteigert,
- die Kaufentscheidung wird erleichtert.

b) Verkaufsargumente leiten sich ab aus
- **der Ware:** Aussehen, Material/Rohstoff, den Eigenschaften der Ware, den Details,
- **dem Preis:** preiswert, exklusiv, Preis ist Qualitätsgarantie, günstiges Preis-/Leistungs-verhältnis,
- **dem Einsatz:** Sport, Alltag, festlicher Anlass, Urlaub,
- **den Serviceleistungen:** Änderung, Zustellung, Montage, Parkplätze.

c) Beispiele für waren-, kunden- und umweltbezogene Verkaufsargumente:

warenbezogen	**kundenbezogen**	**umweltbezogen**
„Dieser Computer hat einen P4-Prozessor. Wir bieten dazu eine komplette Software-Lösung …“ – Aussagen über die Ware, ihre Eigenschaften, Merkmale, Einsatz, Preis, … – als Einstieg in das Verkaufsgespräch für Kunden mit Fachwissen.	*„Diese Goretex-Membran schützt Sie vor Nässe und Wind und Erkältung und sorgt für ein gesundes Körperklima!“* Sie verdeutlichen den Nutzen der Ware für den Kunden, am besten in Vorteils- und Sie-Formulierung unter Verwendung treffender Eigenschaftswörter.	*„90 % der Teile dieses Fernsehers sind recyclebar.“* spricht Umweltbewusstsein des Kunden an, z. B. Flüssigwaschmittel mit der umweltschonenden und ressourcensparenden Nachfüllpackung.

d) Siehe c)

e) Gekonnte Argumentationstechnik

Erfolgreiche Argumentation kombiniert

Aus Produktmerkmalen Eigenschaften und Vorteile ableiten, also
- warenbezogen und
- kundenbezogen argumentieren

Ware anschaulich
- zeigen
- vorführen

z. B. Handy-Bedienung vorführen

Kunden so aktivieren, dass sie sich selbst überzeugen:
- Kunde zum Handeln auffordern
- Kontrollfragen stellen

Argumentationstechnik (Beispiel)
Wie man den Kunden am besten überzeugt: Weil Kunden und Verkäufer Informationen auf verschiedenen „Sinneskanälen“ austauschen, ist es wichtig zu erkennen, auf welchen „Kanälen gesendet“ wird:
- Der auf **Sehen** stärker ausgerichtete Kunde möchte möglichst Artikel, Eigenschaften, Vorteile, Einsatz sehen, deshalb viel zeigen und vorführen.
- Der auf **Hören** stärker ausgerichtete Kunde wünscht verstärkt Informationen über das Ohr, muss also durch Argumente oder akustische Signale, z. B. Klangproben, überzeugt werden.
- Der auf **Riechen, Schmecken, Berühren, Betasten und auf Gefühle** stärker ausgerichtete Kunde wünscht Duft-, Kost-, Griffprobe u. Ä.

Aufgabe 5

a)

Verkaufsargumente - warenbezogen - kundenbezogen - motivbezogen	+	Ware anschaulich zeigen und vorführen	+	Kunde so aktivieren, dass er sich selbst überzeugt!
Beispiel: *„1,3 Megapixel-Kamera, Display mit 65.536 Farben (208 x 208 Pixel), Bluetooth™ und Infrarot, MP3-Player/Radio“*		***Beispiel:*** *„Sehen Sie wie bedienungsfreundlich die Menüführung dieses Fotohandys ist ...“*		***Beispiel:*** *„Bitte probieren Sie selbst, wie einfach Sie fotografieren können.“*

b) Methoden, um Preisschocks zu verhindern:

- **Optische Verkleinerung**: Wir führen den Preis auf eine kleinere Menge/Einheit zurück. Beispiel: *„Ein Waschgang kostet nur ...“*
- **Zerlegungsmethode**: Wir zerlegen die Gesamtleistung in Teilleistungen. Beispiel: *„Die Grundausstattung dieses Autos beträgt 15.000,00 EUR. Hinzu kommen für Schiebedach, Klimaanlage ...“*
- **Vergleichsmethode**: Wir vergleichen den gewünschten Artikel mit einem teureren, der gewünschte erscheint dadurch preiswerter. Beispiel: *„Diese Inline-Skates für 45,00 EUR sind fast gleichwertig mit diesen für 69,00 EUR.“*
- **Verharmlosungsmethode**: Wir verharmlosen den Aufpreis der teureren Ware. Beispiel: *„Dieser MP3-Player hat wesentlich mehr Funktionen, der Aufpreis beträgt nur 10,00 EUR.“*

Stellen Sie sich auf die Preiserwartungen des Kunden ein: Möchte er preiswerte, hochwertige oder Luxusartikel kaufen?

c)

Notwendige Zusatzartikel	**Nützliche Zusatzartikel**
Beispiel: Akku zum MP3-Player	Beispiel: Bereitschaftstasche zur Kamera

d)

Zusatzangebote **richtig unterbreiten**	
vorteilhafte Formulierungen verwenden:	Aussagen, die dem Kunden über zusätzlichen Bedarf nachdenken lassen. Beispiel: *„Zum Schutz vor Feuchtigkeit empfehle ich Ihnen ...“*
richtiger Zeitpunkt für die Zuempfehlungen:	nach der Kaufentscheidung durch direkten Hinweis auf den Zusatzartikel oder zusammen mit dem Hauptartikel, damit der Kunde den zusätzlichen Nutzen bzw. die Wirkung erkennt
Fehler vermeiden:	– negative Suggestivfragen, die meist zu „nein“ führen, Beispiel: *„Brauchen Sie sonst noch etwas?“* – kein Interesse an Zusatzverkäufen zeigen – dem Kunden Zubehör aufnötigen

Aufgabe 6

a) Kunden, die Geschenke kaufen, wollen anderen eine Freude bereiten. In dieser Situation müssen wir die Wünsche des Geschenkempfängers und die Ansprüche des Geschenkkäufers in Einklang bringen. Dazu sind häufig viel Geduld, Einfühlungsvermögen und verkäuferisches Geschick erforderlich.

b) Der Kunde weiß nicht, was er schenken soll
Durch direkte Bedarfsermittlung erhalten wir Informationen über:
- Anlass für das Geschenk
- Geschlecht, Alter, Beruf des Geschenkempfängers
- Hobbys, Interessen, Neigungen des zu Beschenkenden

Danach können wir geeignete Geschenkvorschläge unterbreiten und Empfehlungen aussprechen.
Zögert der Kunde mit seiner Kaufentscheidung, weil er unsicher ist, ob der Empfänger das vorgeschlagene Produkt schon besitzt oder ob es ihm gefällt, können wir ihm die Kaufentscheidung erleichtern durch:

Umtauschrecht	**Auswahlsendung**	**Geschenkgutschein**
Der Geschenkempfänger kann sich dann Produkte aussuchen, die seinen Ansprüchen genügen.		

c) Individuell beantworten

d) – Geschenk warenbezogen, ansprechend, repräsentativ und liebevoll verpacken
   – Preisetikett entfernen
   – Kassenzettel aushändigen

e) Alternativangebote sind Produkte, welche die Wünsche der Kunden genauso gut oder besser erfüllen wie oder als das zunächst verlangte, aber nicht vorrätige Produkt.

Beispiele: gewünschtes Produkt	**Beispiele: Alternativangebot**
– Videorekorder – Nadeldrucker – Tennisschläger der Marke X – Tempotaschentücher – Automatikkamera	– DVD-Player – Laserdrucker – Tennisschläger der Marke Y – Papiertaschentücher – Digitalkamera

Alternativangebote bedeuten für

den Kunden	– Der nicht erfüllbar scheinende Kaufwunsch kann auch mit einer anderen Ware erfüllt werden. – Kein weiterer Zeitaufwand
den Verkäufer	– Kunde muss nicht weggeschickt werden – Anerkennung bei Kunden und Geschäftsinhaber
das Geschäft	– Kein Umsatzverlust – Keine Imageeinbußen wegen Sortimentslücken

Passende Alternativangebote überzeugen den Kunden:
– richtige Formulierung verwenden. Beispiel: „Wir führen eine reiche Auswahl an …"
– Ungeschickte Formulierungen vermeiden:
– Aussagen, die das Alternativangebot erschweren. Beispiel: *„Diesen Artikel führen wir nicht."*
– Aussagen, die das Alternativangebot herabsetzen. Beispiel: *„Da könnte ich Ihnen allenfalls noch … anbieten."* *„Wir haben leider nur …"*

f) **Zeiten des Hochbetriebs:** vor Feiertagen, Festtagen, an Wochenenden, kurz nach Feierabend, bei Schlussverkäufen, Sonderveranstaltungen, Aktionen

Vorbereitung auf den Hochbetrieb	
Geschäft	**Verkaufspersonal**
– zusätzliches Personal beschäftigen – weitere Kassen öffnen – Möglichkeiten der Vorwahl und Selbstbedienung schaffen	– rechtzeitig Regale auffüllen – genügend Verpackungsmaterial bereitstellen – wenn möglich, Ware vorher verkaufsfertig machen (vorpacken, vorwiegen)
Verhalten während des Hochbetriebs	
Positives Verhalten	**Negatives Verhalten**
– Beachtung der Reihenfolge – ruhiges und umsichtiges Bedienen/Beraten – Kunden nicht unnötig warten lassen – eventuell Wartezeit angenehm verkürzen – Gelegenheit zur Mehrfachbedienung nutzen	– Nichtbeachtung der Reihenfolge – unfreundliches, nervöses Personal – langatmige Beratung

Aufgabe 7

a) Reklamationen

Erwartungen des Kunden: Er möchte	Ziele des Geschäfts (und Herstellers):
– nicht um sein Recht kämpfen müssen, – faire Behandlung ohne zusätzlichen Ärger, Unmut und/oder Enttäuschung, – situationsgerechte, individuelle Hilfe, die ihn zufrieden stellt.	– wenn möglich, Fehlerursachen abstellen, – dem Kunden weiteren Ärger, Unannehmlichkeiten und Unmut ersparen, – lieber großzügig einen einmaligen Verlust hinnehmen, als den Kunden für immer zu verlieren

b) Vorgehen bei Raklamationen

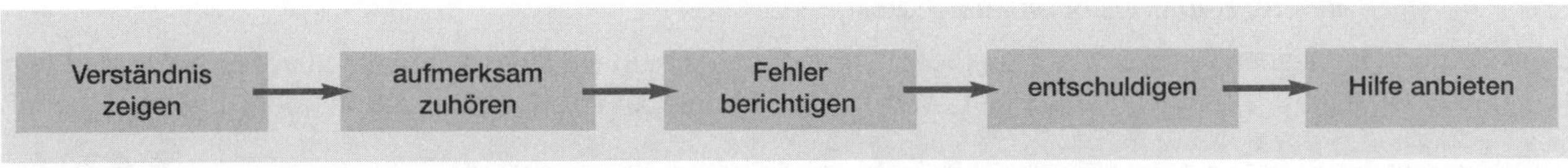

c) Wir korrigieren den Fehler und bemühen uns um freundliche, zügige und situationsgerechte Hilfe:

- **Nachbesserung**: Hat der Händler eine eigene Werkstatt, nimmt er die Beseitigung des Mangels vor (Beispiel: Elektrohändler). Manche Hersteller sind im Rahmen der Produkthaftung auch dazu bereit, wenn dies nicht mit unverhältnismäßig hohen Kosten verbunden ist.
- **Ersatzlieferung**: Der Kunde erhält für sein Geld den gleichen Artikel oder einen gleichwertigen in fehlerfreier Ausführung.
- **Minderung/Preisnachlass**: Ist der Fehler unerheblich und will der Kunde das fehlerhafte Produkt behalten, erhält er einen Preisnachlass.
- **Rücktritt vom Vertrag**: Kommt keine der zuvor genannten Möglichkeiten in Betracht, erhält der Kunde sein Geld zurück. Ist der Kunde einverstanden, können wir ihm auch einen Gutschein anbieten. Damit geht der Umsatz nicht verloren.

d) (1) Neulieferung/Umtausch
(2) Preisnachlass/Minderung
(3) Rücktritt vom Vertrag und Schadensersatz

e) Beispiel Lebensmittelgeschäft: Obst fault von innen; Ware ist verdorben

f) Verständnisvolle und einfühlsame Worte verbessern das Gesprächsklima und wirken beruhigend. Beispiel:
- *„Es tut mir leid, dass Sie …“*
- *„Gut, dass Sie gleich gekommen sind, wir wollen die Angelegenheit so schnell wie möglich in Ordnung bringen!“*
- *„Ich bedaure, dass Sie Unannehmlichkeiten hatten!“*

Aufgabe 8

a) Nein, kein Umtauschgrund, weil das Produkt beim Kauf fehlerfrei war. Der Fehler entstand erst durch falsche Behandlung des Kunden.

b) Fragen stellen, wie der Kunden den gekauften Artikel „behandelt" hat. Beispiel: *„Bitte schildern Sie mir ausführlich, wie Sie den Pullover/Artikel gewaschen/gepflegt haben."*

c) Einem „guten" Kunden die Bitte auf Umtausch abzuschlagen, ist eine problematische Aufgabe. Das Verständnis für eine Ablehnung nimmt bei Kunden zu, wenn stichhaltige Gründe genannt werden. Beispiel:

Kundin: *„Der Bikini passt nicht richtig, ich habe ihn nur einmal getragen."*
Verkäufer: *„Wir sind sonst großzügig und wollen unseren Kunden behilflich sein, wo immer dies möglich ist. Aber bitte haben Sie dafür Verständnis, dass wir den Bikini aus hygienischen Gründen im Interesse anderer Käufer nicht umtauschen können."*

d) Der Kunde hat keinen Anspruch auf Umtausch, trotzdem nehmen wir diesen Umtausch vor. Erhoffte Wirkung für
(1) das Geschäft: Umtausch verursacht zwar (hohe) Kosten, ist aber ein Service mit dem Ziel der Kundenbindung,
(2) den Kunden: Er wird zufrieden gestellt und wird (hoffentlich) wieder kommen.

e) Grundlegende Verhaltensweisen sind:
- zuhören, um Umtauschgründe zu erfahren
- Verständnis zeigen. Beispiel: *„Wir möchten, dass Sie von der Ware überzeugt sind!"*
- Situation klären, ob Umtausch möglich ist. Beispiel: *„In welcher Hinsicht erfüllt die Ware noch nicht Ihre Ansprüche?"*
- aus Kulanz (= Entgegenkommen) umtauschen oder mit wichtigen Argumenten (z. B. Hygiene) den Umtausch ablehnen.

f) Umtausch: Der Kunde möchte fehlerfreie Ware zurückgeben
Reklamation: Der Kunde gibt fehlerhafte Ware zurück; Rückgaberechte bei berechtigter Reklamation siehe Aufgabe 7 c)

g) (1) Individuell beantworten
(2) Mögliche Umtauschgründe:
- Ware hat Fehler, zugesicherte Eigenschaft fehlt
- Ware gefällt nicht (mehr)
- Ware passt nicht (Größe, Umgebung u. Ä.)
- Kunde fühlte sich zum Kauf gedrängt
- Ware ist schon vorhanden

Umtauschpflicht besteht nur, wenn die Ware fehlerhaft ist (vgl. Aufgabe 8 f) „Reklamation"), eine zugesicherte Eigenschaft fehlt und bei Geschenkartikeln mit vereinbartem Umtauschrecht.

h) Vom Umtausch ausgeschlossene Waren
Wie würde wohl eine Kundin reagieren, die in unserem Sortiment einen zurückgetauschten, bereits gebrauchten Lippenstift findet? Aus hygienischen und anderen Gründen sind deshalb bestimmte Warengruppen vom Umtausch ausgeschlossen:
- hygienische Artikel, Beispiel: Wäsche, Badebekleidung, Zahnbürsten, Miederwaren, kosmetische Artikel
- offene Lebensmittel, Beispiel: Wurst, Käse
- Schnittwaren, Beispiel: Stoffe, Blumen, Draht
- preisreduzierte Waren von Räumungsverkäufen, Sonderangebote
- Waren, deren Gebrauch man nicht erkennt, Beispiel: Batterien, CDs u. Ä.

Ausnahme: Die Waren sind noch original verpackt bzw. „versiegelt".

Aufgabe 9

a) Serviceleistungen

Serviceleistungen in Verbindung mit dem Kauf eines Produkts:	– fachgerechte Verpackung/Geschenkverpackung – Warenzustellung – Aufstellen, Anschließen, Einstellen von Geräten – Wartungs- und Reparaturdienst – Sonderbestellungen – Auswahlsendung – Zurücklegen von Waren – Garantie – Umtausch – Rücknahme von Verpackungen
Serviceleistungen bei der Bezahlung:	– Kundenkarte – Kreditkarte – Electronic Cash – Kauf auf Rechnung – Ratenkauf – Inzahlungnahme von Gebrauchtgeräten – Mietkauf – Leasing – Couponing
Allgemeine Serviceleistungen:	– Parkplätze – Kinderbetreuung – Einkaufswagen – Sitzgelegenheiten – Imbissecken – Vermietung von Transportmitteln, Werkzeugen, Geräten – Kundenzeitschriften

b) (1) Serviceleistungen helfen verkaufen. Sie bringen dem Kunden zusätzlichen Nutzen und erleichtern ihm häufig die Kaufentscheidung.
(2) Individuell beantworten

c) (1) **Allgemeine Serviceleistungen** machen den Einkauf angenehm. Beispiele: Parkplätze, Kinderbetreuung, Sitzgelegenheiten, Fahrstühle, Cafeteria, Imbissecken, Einkaufswagen/-körbe, Kundenzeitschriften, Rücknahme von Verpackungen.
(2) **Serviceleistungen in Verbindung mit dem Kauf eines Produkts** erhöhen bzw. erhalten den Gebrauchswert der Ware. Beispiele: fachgerechte Verpackung, Warenzustellung, Montage von Geräten vor Ort, Wartungs- und Reparaturdienste an technischen Geräten, Sonderbestellung, Produktgarantien, Umtauschmöglichkeit.
(3) **Serviceleistungen bei der Bezahlung** eröffnen dem Kunden finanzielle Spielräume. Beispiele: Kundenkarte, Kreditkarten, Kauf auf Rechnung, Ratenkauf, Mietkauf, Inzahlungnahme von Gebrauchtgeräten.

d) Siehe Aufgabe 9 c)

e) Individuell beantworten, siehe Aufgabe 9 c)

f) – Garantie: Geschäfte übernehmen vertraglich die Verpflichtung, innerhalb einer bestimmten Frist auftretende Mängel an der Ware ganz oder teilweise kostenlos zu beseitigen.
– Kulanz: Geschäfte nehmen eine bestimmte Handlung, z.B. Umtausch, vor, obwohl sie dazu nicht verpflichtet sind; sie kommen dem Kunden entgegen, erweisen ihm eine Gefälligkeit.

Aufgabe 10

a) Kundenlaufstudien im Bereich der Selbstbedienung

- In der Regel geht der Kunde in entgegengesetzter Richtung zum Uhrzeiger, er bevorzugt dabei eine Laufrichtung entlang der Wände.
- Laufstudien besagen, dass ca. 80 % der Kunden wie im Straßenverkehr einen Rechtsdrall haben und deshalb bevorzugt rechts laufen, nach rechts blicken, nach rechts greifen. Deshalb werden hier bevorzugt Produkte platziert, die aufgrund ihrer besonderen verkaufswirksamen Aufmachung/Verpackung Kaufimpulse (= Impulskäufe) auslösen bzw. höhere Gewinnspannen ermöglichen.
- Viele Kunden wollen den Eingangsbereich schnell durchlaufen und haben dann wenig Gelegenheit, sich mit den Produkten zu beschäftigen bzw. diese zu kaufen. Also gilt es, den Kunden zu bremsen. Beispiel: attraktive Angebote oder Großgebinde, die „mitten im Weg“ stehen und den Kunden stoppen.
- Mittelgänge und Warenträger, die links vom Kundenlauf liegen, müssen aktiviert und attraktiv gestaltet werden, damit das Kundeninteresse geweckt wird. Beispiele: Verkaufsförderungsaktionen von Herstellern, Video-Vorführungen von Produkten, attraktive Angebote, Podeste mit Aktionsplatzierung von Neuheiten, Tipps
- Weil Kunden Ecken und Nischen gerne meiden und Wege abkürzen, muss der Kunde in die Ecken gelockt werden. Beispiele: attraktive Präsentationen, Sonderangebote oder Faszinationspunkte, die den Kunden emotional stark ansprechen

Demzufolge gibt es Zonen, denen der Kunde mehr Aufmerksamkeit schenkt. Diese sind deshalb verkaufsstärker als solche mit geringerer Beachtung, die verkaufsschwächer sind.

b)

Verkaufsstarke Zonen und Warenplatzierungsstrategien:	**Verkaufsschwache Zonen und Warenplatzierungsstrategien:**
– Außengänge, rechts vom Kunden liegende Wege und Hauptwege (Artikel mit hoher Kalkulation und Impulsartikel) – Auflaufpunkte und Stirngondeln (aktuelle Artikel, die immer gekauft werden und günstige Angebote) – Kassenzone mit längerer Verweildauer (üblicherweise Artikel, die wenig mit der Branche zu tun haben und eine höhere Kalkulation aufweisen)	– Eingangszone (attraktive Angebote, größere, preisgünstige Gebinde, Verkaufsförderaktionen, Auflaufpunkte) – Mittelgänge und Warenträger links vom Kundenlauf (Verkaufsförderungsaktionen, herausragende Podeste und Aktionsplatzierung, attraktive Preise) – Ecken und Nischen sind „Sackgassen“ (attraktives Warenangebot = Magnetartikel, interessante Faszinationspunkte)

c)

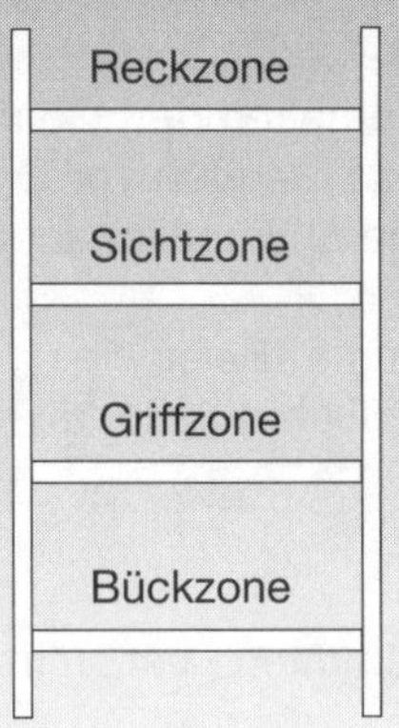

Zone:	Höhe:	Wertigkeit:
Reckzone	über 150 cm	drittbeste Platzierung, gut für Plankäufe
Sichtzone = Augenhöhe rechts	ca. 120–150 cm	beste Platzierung, gut für Impulskäufe und höher kalkulierte Artikel
Griffzone	ca. 80–120 cm	zweitbeste Platzierung, gut für Impuls- und Plankäufe
Bückzone	unter 80 cm	viertbeste Platzierung, gut für Plankäufe

d) Grundsätze der Warenpräsentation
Präsentation sagt aus, *wie* die Ware gezeigt wird.

Das Geschäft

1. **gibt einen Sortimentsüberblick**. Beispiel: Schaufenster, Hinweisschilder, Infostände, Deckenabhänger u. Ä.
2. **bildet Produktgruppen**, stellt also gleichartige Waren verschiedener Hersteller, Qualitäten und Verwendungsbereiche zusammen. Beispiel: Farbdrucker unterschiedlicher Hersteller
3. **stellt Bedarfsbündel zusammen**. Das sind zusammengehörende / zusammenpassende Produkte, die zu einem bestimmten Lebensbereich (*„Alles für Ihre Küche“*) oder Erlebnisbereich (*„Alles für Ihre Party“*) gehören.
4. **bildet gleichartige Standorte/Plätze** für bestimmte Produktgruppen. Beispiel: Süßigkeiten, die das Auffinden erleichtern.
5. **richtet einen „Shop-in-Shop“ ein**: Durch räumlich hervorgehobene Spezialabteilung entsteht ein besonderer Erlebniswert. Beispiel: Parfüm-Shop im Warenhaus
6. **präsentiert Produkte informativ**. Beispiel: Video-Kameras sind betriebsbereit, ein Monitor zeigt Anwendungsbereiche für Werkzeuge.
7. **achtet auf Sauberkeit und Ordnung** der Waren und Warenträger: wirkt verkaufsfördernd.
8. **nutzt Verkaufsflächen, Warenträger und Sortimente optimal** und stimmt diese zweckmäßig und harmonisch aufeinander ab.
9. **betreibt Visual Merchandising**, d. h., es macht das Warenangebot durch verkaufsfördernde Maßnahmen (= merchandising) im Schaufenster und den Verkaufsräumen sichtbar (= visual).
   - **Maßnahmen**: bewusste Wegeführung, die Ware frontal präsentieren, das Arena-Prinzip, interessante Faszinationspunkte, Präsentation an der Rückwand, Farb- und Größensortierung, Wandpräsentation u. Ä.
   - **Ziel**: Visual Merchandising will mit faszinierenden Warenwelten unwiderstehlich Blicke auf sich ziehen. Dabei sollen Kunden in stimmungsvolle Gefühlswelten versetzt werden und „Lust auf Ware“ bekommen.
10. **gestaltet das Schaufenster**. **Schaufenstertypen** sind:
    - Fantasiefenster bzw. „thematisches Schaufenster“: Es spricht emotional die Fantasie, Träume und Sehnsüchte an.
    - Einblickfenster, es ermöglicht Sicht / Einblick in die Sortimente des Verkaufsraumes.
    - Sortimentsfenster: Es stellt das Sortiment des Geschäfts vor.
    - Preis-Aktions-Fenster: Es zielt auf einen schnellen Abverkauf von preisreduzierten Waren.
    - Das Markenfenster spricht markenbewusste, qualitätsorientierte Kunden an.
    - **Ziel**: Das Schaufenster als „Visitenkarte“ des Geschäfts will eine Botschaft vermitteln: *„Wir laden Sie alle herzlich ein, unser Geschäft näher kennenzulernen“*, *„Bitte treten Sie ein.“*

Aufgabe 11

a) Eine optimale Vorbereitung ermöglicht im Interesse des Geschäftes, Kassierers und Kunden reibungsloses Kassieren.
   - Ordnung und Sauberkeit wirken positiv auf Kunden.
   - Genügend Wechselgeld und Papierrollen verhindern unnötige Wartezeiten.
   - Packmaterial und Tüten in den erforderlichen Größen und Mengen bereithalten.
   - Formulare wie Kaufbelege, Quittungen, Belege für Umtausch, Auswahl, Bestellungen, Geschenkgutscheine bereithalten.
   - einsatzfähiges Schreibgerät bereit halten.

b) Zahlungsmöglichkeiten an der Kasse („Point of Sale"):
   (1) Bargeld: Münzen, Banknoten; Käufer gibt Bargeld gegen Kassenbon bzw. Quittung
   (2) Bezahlen mit der Girocard (früher: EC-Karte = Eurocheque-Karte)
   - Electronic Cash = Bezahlen mit Zahlungsgarantie für den Empfänger. Karte wird in den Kartenleser eingeführt. Das System überprüft die PIN (Persönliche Identifikationsnummer). Evtl. könnte die Karte gesperrt sein und/oder das Kreditlimit überschritten. Die Zahlung wird bestätigt, Kassenquittung folgt.
   - Maestro = Maestro funktioniert im Prinzip wie Electronic Cash, nur kommen hier ausländische EC- oder Bankkarten zum Einsatz, die für grenzüberschreitende Zahlungen zugelassen sind und das Maestro-Logo tragen.
   - GeldKarte = Um ein wirtschaftliches Verfahren zur bargeldlosen Abwicklung von Kleinzahlungen zu bieten, haben die Banken die GeldKarte entwickelt. Die Zahlung erfolgt aus einer zuvor aufgeladenen elektronischen GeldBörse. Die Legitimation basiert rein auf dem Besitz der Karte, PIN oder Unterschrift werden hier nicht benötigt – was die Zahlung wiederum beschleunigt.
   - ELV = Elektronisches Lastschriftverfahren ohne Zahlungsgarantie (kostenlos für den Händler), ist noch bis 01.02.2016 möglich.

   (3) Bezahlen mit der Kreditkarte, Beispiele: Mastercard, Visa, American Express, Diners Club. Alle Umsätze sammeln sich auf dem Kartenkonto an und werden monatlich mit dem Karteninhaber per Lastschrift abgerechnet.
   (4) Kartengestütztes elektronisches Geld (E-Geld): Hier handelt es sich um vom Karteninhaber vorausbezahltes Kartengeld. Die „Karte" wird an entsprechenden Automaten „aufgeladen" und das Geld beim Bezahlen abgebucht.

c) Unterschiede zwischen Kunden- und Kreditkarten
   Kundenkarten: Sie dienen der Kundenbindung sowie der Analyse des Kundenverhaltens und der Erstellung von Kundenprofilen. Sie können von einem oder mehreren Unternehmen im Verbund ausgestellt werden. Die Nutzung der Kundenkarte ist jeweils auf die beteiligten Unternehmen beschränkt. Diese gewähren den Inhabern ihrer Kundenkarten Zusatzleistungen, Vergünstigungen oder Rabatte.
   Kreditkarten: Sie dienen der Zahlung von Waren und Dienstleistungen. Kreditkarten sind weltweit einsetzbar und im Geschäfts- wie im Privatleben, sowie bei Online-Transaktionen verwendbar. Kreditkarten werden nicht von Unternehmen, sondern von Banken und Kreditkartengesellschaften ausgestellt.

d) Zahlt der Kunde mit Kundenkarte, kann sein Einkauf hinsichtlich der gekauften Produkte, deren Preise und Mengen im Zentralcomputer erfasst werden. Daraus lässt sich auf das Einkaufsverhalten des Kunden schließen. Beispiele: wie oft monatlich/wöchentlich eingekauft wird, zu welchen Zeiten, welche (Marken-)Produkte oder Handelsmarken, in welchen Qualitäts- und Preisstufen

Aufgabe 12

a) – kurzen, freundlichen Blickkontakt zum Kunden herstellen
   – situationsgerecht und freundlich grüßen

b) Kassierregeln:
   - Scannen oder registrieren Sie alle vom Kunden gewünschten Artikel.
   - Nennen Sie laut den Endbetrag, Sie schaffen dadurch Klarheit.
   - Nehmen Sie das Geld entgegen, zählen Sie es ggf. nach und nennen Sie laut den Betrag.
   - Tippen Sie das erhaltene Kundengeld in die Kasse ein.
   - Legen Sie abgezähltes Münzgeld sofort in die Kasse.
   - Stecken Sie größere Geldscheine in den Geldscheinhalter.
   - Zählen Sie Rückgeld laut vor und übergeben den Bon.
   - Legen Sie Geldscheine des Kunden erst in die Kasse, wenn der Kunde das Wechselgeld akzeptiert hat.
   - Schließen Sie nach Herausgabe des Rückgeldes sofort die Kasse.

   Sonderfälle an der Kasse:
   - Der Kunde reklamiert das Wechselgeld einige Zeit nach dem Kassiervorgang. In diesem Fall ist es ratsam, eine Aufsichtsperson hinzuzuziehen. Lässt sich der Fall nicht klären, führen Sie einen Kassensturz, d.h. einen vorzeitigen Kassenabschluss durch.
   - Das Öffnen der Kasse ohne zu kassieren ist entsprechend der betriebsinternen Organisation abzuwickeln.
   - Eingaben sind zu stornieren, sofern falsche Mengeneinheiten eingegeben wurden.
   - Beim Personalkauf sind die unternehmensinternen Vorschriften zu beachten.
   - Bei Stromausfall an der Kasse geht buchstäblich nichts mehr, d.h., die Kasse bleibt verschlossen, der Scanner ist „tot". Wir bitten die Kunden, sich noch eine Weile im Geschäft umzusehen, bis der meist kurzfristige Stromausfall, z.B. durch Gewitter verursacht, vorüber ist.

c) Siehe Aufgabe 12 b)

d) Eine Kassendifferenz, hier „Manko", bewirkt eine Schmälerung des Betriebsergebnisses.

e) Beispiel: *„Es tut mir leid, bitte entschuldigen Sie. Gedulden Sie sich einen Augenblick, ich mache rasch einen Kassensturz, damit wir die Angelegenheit klären können."*

Aufgabe 13

a) (1) Ich tätige von der Kasse aus eine „Durchsage" über das Mikrofon, z.B. „ Kasse bitte".
   (2) Häufen sich die Warteschlangen vor der Kasse, teile ich dies dem Abteilungsleiter mit, der evtl. die Personaleinsatzplanung den neuen Erfordernissen anpasst.

b) Beispiele:
   Ich frage den Jugendlichen an der Kasse, ob er „sonst noch etwas zu zahlen hat". Bejaht er dies, ist alles o.k. Wenn nicht, frage ich: *„Hast du aus Versehen Süßigkeiten in die Tasche gesteckt, die noch zu zahlen sind?"* Wenn der Jugendliche dies bejaht, sind mahnende, erzieherische Worte angebracht, z.B. *„Diese Produkte gehören in den Einkaufswagen/-korb!"*
   In diesem Falle ggf. den Filialleiter herbeirufen, der „schärfere" Erziehungsmaßnahmen androht, Beispiel: die Eltern benachrichtigen.

c) Ich muss darauf hinweisen, dass alkoholische Getränke an Jugendliche unter 16 Jahren nicht verkauft werden dürfen. Deshalb erfrage ich das Alter des Jugendlichen und weise auf das Verbot hin.

d) Beispiele:
   - Auf den Stromausfall an der Kasse, verursacht durch das Gewitter, hinweisen.
   - Den Kunden um Verständnis für den Stromausfall bitten und ihm vorschlagen, ein paar Minuten im Geschäft zu verweilen.
   - Darauf hinweisen, dass bei Ende des Stromausfalls sofort eine Durchsage erfolgt.

Aufgabe 14

a) Ergonomische Gesichtspunkte bei der Arbeitsplatzgestaltung, Beispiel Bürostuhl.
   - Der Sitz soll eine stufenlos verstellbare Höhe zwischen 42 bis 53 cm haben.
   - Die Sitzfläche soll anatomisch geformt sein.
   - Die Sitzkante soll vorne abgerundet sein.
   - Der Bezugstoff soll luftdurchlässig, antistatisch, rutschfest sein.
   - Die Rückenlehne soll permanent zu neigen sein.
   - Die Sitzfederung soll die Wirbelsäule beim Hinsetzen abfedern.
   - Fünf Rollen sollen angebracht sein.

   Eine falsche Sitzhaltung führt zu vorzeitiger Ermüdung, Schmerzen und körperlichen Schäden.

b) EAN = Europäische Artikelnummer. Diese besteht aus zwölf Ziffern und einer Prüfziffer. Die EAN wird vom Hersteller auf die Verkaufspackung als Strichcode und in Klarschrift aufgedruckt. Beispiel: EBL I 1–10

Länderkennzeichen		Bundeseinheitliche Betriebsnummer (bbn)					Individuelle Artikelnummer des Herstellers					Prüfziffer
4	0	1	2	3	4	5	0	0	3	1	5	4

Die Ermittlung der Prüfziffer: Die zwölf Ziffern werden abwechselnd mit 1 und mit 3 multipliziert und anschließend summiert. Beispiel: $4 \cdot 1 + 0 \cdot 3 + 1 \cdot 1$ usw. = 56. Die Prüfziffer ergibt sich als Ergänzungszahl zum nächsten vollen Zehner, hier: $56 + \underline{4} = 60$
Die EAN soll in naher Zukunft durch die **GTIN** (= Global Trade Item Number) ersetzt werden.
OCR = Optical Charakter Recognition (Optische Zeichenerkennung). Die OCR-Schrift ist eine Klarschrift, die sowohl vom Menschen als auch vom Scanner lesbar ist. Beispiel:

```
4-55-08-63-BWL-UNI-   44-KAR   443034
53540005223048           6881
  44                               44,00
```

c) – Mithilfe des Scanners wird die verschlüsselte Artikelnummer an der Datenkasse eingelesen.
   – Aus dem Zentralcomputer wird der Preis mit dem dazugehörigen Text, z. B. die Artikelbezeichnung, abgerufen = Preisabrufverfahren.
   – Der Preis wird auf die Datenkasse übertragen und erscheint dort im Display.
   – Der Kassendrucker druckt den entsprechenden Kassenbon aus.

Aufgabe 15

a) (1) Zunächst ist zu prüfen, ob das betreffende Produkt „bei uns“ gekauft wurde und ob evtl. die Umtauschfrist lt. Kassenbon überschritten ist.
   Je nach Kassenorganisation: Umtauschtaste bzw. Umtauschbeleg anfertigen
   (2) Eine berechtigte Reklamation setzt einen Fehler/Mangel an der Ware voraus. Der Kunde hat die Wahl zwischen folgenden Rechten, die den Kassenvorgang beeinflussen:
   - Nachbesserung: Wir füllen einen Reparaturschein o. Ä. aus
   - Ersatzlieferung: Der schadhafte Artikel wird zurückgenommen und z. B. eine „Retoure“ mit der Anschrift des Kunden ausgefüllt.
   - Minderung/Preisnachlass: Bei entsprechender Kassenorganisation: Erstattung in bar gegen Beleg oder Aushändigung eines Gutscheins (Formular)
   - Rücktritt vom Vertrag: Bei entsprechender Kassenorganisation: gegen Beleg Erstattung des vollen Betrages oder Aushändigung eines Gutscheins (Formular)

b) Reklamation: Die Ware hat einen Fehler.
   Umtausch: Die Ware ist fehlerfrei, aus bestimmten Gründen möchte sich aber der Kunde von der Ware trennen. Beispiele: sie gefällt nicht, die Größe stimmt nicht

c) Individuell, entsprechend betrieblicher Situation beantworten, vgl. Lösungen Aufgabe 11

d) Der Geschenkgutschein soll weitestgehend den Wünschen des Kunden entgegenkommen hinsichtlich
   - des Geschenkwerts, Beispiel: 10-, 20-, 25-, 50-EUR-Gutschein,
   - der Dauer: keine zeitliche Begrenzung,
   - des Inhalts, Beispiel: „Herzlichen Glückwunsch zu/zum …“,
   - der evtl. namentlichen Nennung des Beschenkten.

   Die Kassenregistrierung erfolgt z. B. über „Ausgabe Geschenkgutschein“. Vorteil eines Geschenkgutscheins: Der Kunde kauft das, was er sich wünscht bzw. was ihm Freude macht.

---

2 Beschaffungsorientierte Warenwirtschaft

Aufgabe 16

a)

Gesichtspunkte/ Merkmale	Erläuterung
Betriebsform	Art des Geschäfts. Beispiele: Warenhaus, Kaufhaus, Fachgeschäft, Supermarkt, Discounter, Verbrauchermarkt, Einkaufszentrum. Die betreffende Betriebsform führt meist „typische“ Sortimente.
Zielgruppe	Personenkreis, welcher die angebotenen Produkte nachfragt. Beispiele: modebewusste Frauen, aktive Senioren, Teenager. Die betreffende Zielgruppe bevorzugt zielgruppentypische Sortimente.
Preisgestaltung	Preisfindung. Beispiele: Luxusartikel werden höher kalkuliert als Produkte des täglichen Lebens. Bei diesen herrscht meist ein starker Wettbewerb.
Konkurrenz	Mitbewerber führen teils gleiche oder ähnliche Sortimente. Beispiele: Textilgeschäfte u. Ä. Solche Geschäfte unternehmen große Anstrengungen, sich in den Sortimenten zu unterscheiden.
Standort	Ort des Geschäftssitzes: Er ist meist abhängig von der Betriebsform. Beispiele: Die Fußgängerzone in der City bietet die beste Lage für Fachgeschäfte, Waren- und Kaufhäuser. Am Stadtrand finden wir meist Fachmärkte und Verbrauchermärkte mit betriebsformtypischen Sortimenten.

b) Produktbeschaffung ist abhängig von
- den Informationen zum Produkt. Beispiele: Eigenschaften, Qualitätsstufe, Preislage, Zielgruppe, Marktchancen,
- der Bedarfsmeldung des Lagers bzw. des Verkaufs (siehe computergestütze Warenwirtschaft),
- der Entwicklung der Warengruppe, zu welcher das Produkt gehört,
- der Konkurrenzsituation,
- Konsumtrends u. Ä.

c) (1) Eine Anfrage ist rechtlich unverbindlich und dient der Informationsbeschaffung.
- die **unbestimmte Anfrage** dient der Geschäftsanbahnung und holt Informationen über das gesamte Produktprogramm eines Lieferers ein,
- die **bestimmte Anfrage** ist eine Aufforderung des Lieferers zur Abgabe eines Angebots für einen bestimmten Artikel.

(2) Die Bestellung ist rechtlich verbindlich. Sie ist eine an eine bestimmte Person gerichtete empfangsbedürftige Willenserklärung, um anschließend einen Kaufvertrag abzuschließen.

d) (1) Meldebestand: Der Bestand, bei dem Ware nachbestellt werden muss.
(2) Der Meldebestand hängt ab von:
- der Verkaufsmenge pro Tag,
- der Beschaffungszeit,
- dem Mindestbestand (Eiserner Bestand, Sicherheitsbestand).

e) Gründe für die Prüfung von Warenlieferungen:
- gesetzliche Prüfungs- und Rügefristen für Kaufleute (HGB §§ 377 ff.)
- Wahrung der Rechte bei mangelhafter Lieferung
- Vermeidung von Reklamationen bei Kunden
- Verantwortung bzw. Haftung des Einzelhändlers gegenüber Kunden

Aufgabe 17

a) Anhaltspunkte für die Ermittlung der Bedarfsmenge

Verkaufsmenge des Vorjahrs	600 Stück
+ geplante Absatzsteigerung, z. B. 10 %	60 Stück
Verkaufsmenge im Planjahr	660 Stück
– vorhandener Lagerbestand	160 Stück
– bereits laufende Bestellungen	100 Stück
Bedarfsmenge	400 Stück

b) Im computergestützten Warenwirtschaftssystem lassen sich „Renner"- und „Pennerlisten" abrufen. Sie geben Auskunft, welche mengen- oder wertmäßigen „Renner" bzw. „Penner" im Sortiment geführt werden.
Renner: die besten Waren: mengen- oder wertmäßig;
Penner: die schlechtesten Waren: mengen- oder wertmäßig

c) Sortimentslücken bewirken Umsatzverlust, weniger Gewinn, evtl. Kundenverlust, wenn die Lücken nachhaltig sind.

d) Profitable Sortimente sind solche, die einen Gewinn abwerfen. Die vereinfachte Kalkulation lautet:
Bezugspreis der Ware + sämtliche Kosten + Gewinn + USt = Ladenpreis.

e) Verpflichtungsgeschäft
Pflichten des Käufers: Rechtzeitige Zahlung und Warenannahme
Pflichten des Verkäufers: Rechtzeitige, mangelfreie Übergabe und Eigentumsübertragung

Die Erfüllung der Pflichten aus dem Kaufvertrag betrifft das Erfüllungsgeschäft.

f) Prüfung der eingehenden Sendung:
Begleitpapiere prüfen: Lieferschein mit Empfängeranschrift abgleichen, Anzahl der Frachtstücke überprüfen und mit dem Lieferschein vergleichen. Abweichungen durch den Überbringer bestätigen lassen.
Äußere Verpackung prüfen: Sichtkontrolle des äußeren Zustands, bei Mängeln: Tatbestandsmeldung vom Überbringer bestätigen lassen.
Sendung unverzüglich prüfen: Begleitpapiere, Bestelldurchschlag, Warenart, Güte, Menge, bei Abweichungen: Meldung an die Einkaufsabteilung. Mängel müssen unverzüglich gerügt werden.
Wareneingang erfassen: Wareneingangsdaten erfassen.

g) Rechte des Käufers:
- Rücktritt vom Vertrag (nicht bei geringen Mängeln), Voraussetzungen: Verkäufer verweigert Nacherfüllung, beim Fixkauf, beim Zweckkauf und unter „besonderen Umständen".
- Minderung: Preisnachlass,
- Ersatzlieferung
- Schadenersatz statt Leistung, auch neben Rücktritt möglich

Aufgabe 18

a) Branchenverzeichnis, Fachzeitschriften, Messen, Ausstellungen, ABC der deutschen Wirtschaft, Vertreterbesuche, Bemusterungen

b) **Verbindlichkeit**

Freibleibend:	Durch diese Freizeichnungsklausel schließt der Lieferant jegliche Bindung aus dem Angebot aus.
Solange Vorrat reicht:	ebenfalls eine Freizeichnungsklausel
Verbindlich bis zum ...:	Rechtliche Bindung bis zum angegebenen Datum
Mengenrabatt:	wird bei Abnahme einer größeren Menge gewährt
Lieferbedingungen	
ab Werk:	Der Käufer trägt alle Beförderungskosten.
frei Haus:	Der Verkäufer trägt alle Beförderungskosten.
unfrei:	Entspricht der gesetzlichen Regelung beim Versendungskauf. Der Verkäufer trägt nur die Anfuhrkosten bis zur Versandstation, der Käufer Fracht und das Rollgeld ab Empfangsstation.
Zahlungsbedingungen	
Ziel:	Zahlung erst eine angegebene Zeit nach Lieferung
Skonto:	Barzahlungsrabatt
Netto Kasse:	zahlbar nach Lieferung ohne jeglichen Abzug
Vereinbarungen	
Eigentumsvorbehalt:	Die Ware bleibt dadurch bis zur vollständigen Bezahlung Eigentum des Verkäufers.
Konventionalstrafe:	Im Falle der Nicht-Rechtzeitig-Lieferung erklärt sich der Verkäufer bereit, eine Vertragsstrafe zu bezahlen.
Bonus:	ist eine nachträglich (meist am Jahresende) gewährte Sondervergütung, die in ihrer Höhe vom Umsatz abhängt.
Mindestabnahme:	Verkäufer ist erst bereit zu liefern, wenn der Käufer eine Mindestmenge (hier: 100 Stück) abnimmt.

c) Dauer der Geschäftsbeziehungen, Zuverlässigkeit, Warenqualität, Lieferkapazität, Verhalten bei Beanstandungen, Kulanz, Flexibilität

d) Kein Risikoauslgeich möglich; bei Lieferschwierigkeiten kann es zu Engpässen kommen, Gefahr der Abhängigkeit

e) Ja, dies würde den Gefahrenübergang vorschreiben und bei Rechtsstreitigkeiten aus dem Kaufvertrag Vorteile bringen.

f) Die Anfrage hat keinerlei rechtliche Bedeutung. Sie ist völlig unverbindlich.

Aufgabe 19

a) Ich nehme die Sendung in Empfang. Vorgehen:

Begleitpapiere prüfen:	Lieferschein mit Empfängeranschrift abgleichen, Anzahl der Frachtstücke überprüfen und mit dem Lieferschein vergleichen. Abweichungen den Spediteur auf den Begleitpapieren bestätigen lassen.
Äußere Verpackung prüfen:	Sichtkontrolle des äußeren Zustands, bei Mängeln: Tatbestandsmeldung vom Überbringer bestätigen lassen.

b) Festgestellte offene Mängel müssen **unverzüglich** der Einkaufsabteilung mitgeteilt werden, damit diese ihre Rechte gegenüber dem Lieferer geltend machen kann.

c) – Verlust der Rechte bei mangelhafter Lieferung gegenüber dem Lieferanten
   – Spätere Reklamation der schadhaften Ware und Einforderung der Rechte durch den Kunden gehen zulasten des Ertrags.

d) Lagerung der mangelhaften Ware bis zur Einigung mit dem Lieferanten über die Rechtslage

e) Möglichkeiten:
   – bei kleinen Mängeln einen Preisnachlass vorschlagen
   – ist die mangelhafte Ware unverkäuflich, Rücktritt vom Vertrag (evtl. Schadenersatz) oder Neulieferung/Umtausch

f) Das Verkaufslager enthält die verkaufsbereite Ware im Verkaufsraum. Ob das Verkaufslager vergrößert werden kann, hängt von den räumlichen Gegebenheiten ab. Nimmt die Kundenfrequenz und die Anzahl der Käufe zu, ist dieser Gedanke richtig. Allerdings ist eine Vergrößerung meist aufwendig, weil die Ware Teil der Warenpräsentation ist.
   Das Reservelager dient als Nachschublager, um teure Ladenflächen einzusparen. Aus Kostengründen ist dies die günstigere Variante.

Aufgabe 20

a) Aufgaben und Ziele des computergestützten Warenwirtschaftssystems:
Es dient
- der Kontrolle und Steuerung der Waren- und Geldströme,
- dem bedarfsgerechten Bestellwesen: Dadurch wird zur rechten Zeit in der richtigen Menge bestellt und die Lagerkosten werden optimiert.
- der Bestandsüberwachung; diese sichert ständige Verkaufsbereitschaft.
- der Bestandsoptimierung; diese ermöglicht geringe/optimierte Lagerkosten.
- den Limitrechnungen: sie geben Auskunft über verfügbare Mittel für Produkte/Warengruppen.
- der Ermittlung und Fortschreibung der Warenbewegung, Beispiele: aktueller Bestand, Veränderung durch Warenlieferung und Verkauf.
- der Erstellung aktueller Statistiken, Beispiele: Verkaufszahlen, Renner-, Pennerlisten hinsichtlich der Mengen, der Umsätze und der Gewinne, Limitrechnungen, Meldebestände.

b) Die artikelgenaue und zeitnahe Erfassung erfolgt
- beim Wareneingang: bedeutsam für die Lagerung, den Platzbedarf der Waren.
- beim Warenverkauf: genaue Erfassung des Artikels an der Datenverarbeitungskasse. Speicherung der Artikeldaten im Zentralcomputer: Artikelbezeichnung, Herkunft (Lieferant), Menge, Einkaufspreis, Verkaufspreis. Alle Daten lassen sich weiterverarbeiten.

c) (1) Am Bilanzstichtag wird eine körperliche Bestandsaufnahme des Vermögens und der Schulden vorgenommen, §240 HGB.
Im Handel sind vor allem die Warenbestände zu ermitteln nach Art/Bezeichnung der Artikel, Menge, Verkaufspreis (bewertet wird die Ware zum Einkaufspreis; vom Verkaufspreis wird auf den Einkaufspreis geschlossen). Die übrigen Vermögenswerte, wie Geschäftsausstattung u. Ä., werden buchhalterisch „fortgeschrieben“. Ebenso werden die Schulden stichtagsgenau erfasst.
(2) als Stichtagsinventur oder als permanente bzw. verlegte Inventur

d) (1) Der durchschnittliche Lagerbestand gibt an, **welche Warenmenge**, bewertet zum Einkaufspreis, sich während eines Abrechnungszeitraums durchschnittlich auf Lager befindet.
(2) Die durchschnittliche Lagerdauer gibt die **Anzahl der Tage** an, an denen die Ware zwischen Wareneingang und Verkauf am Lager ist.
(3) Die Umschlagshäufigkeit gibt an, wie **oft** der durchschnittliche Lagerbestand in einer Rechnungsperiode umgesetzt, also verkauft wird.

e) Eine Erhöhung der Umschlagshäufigkeit bewirkt eine:
- Senkung der Lagerkosten,
- Verringerung des Kapitalbedarfs,
- Erhöhung der Wirtschaftlichkeit und des Betriebsergebnisses,
- Erhöhung der Umsatzrendite.

f)
- Lieferungsverzug dem Lieferer mitteilen und Nachfrist setzen, Lieferung verlangen, evtl. Schadenersatz fordern
- Lieferung ablehnen, vom Vertrag zurücktreten und Schadenersatz wegen Nichterfüllung fordern, Nachfrist entfällt bei Fixkauf, Zweckkauf, Selbstinverzugsetzung

3 Warenwirtschaftliche Analyse

Aufgabe 21

a) (1) Die Abbildung zeigt den Datenzugriff auf den Zentralcomputer. Dieser ist nicht nur vom Einkauf aus, sondern von jeder Abteilung aus möglich. Der Einkauf orientiert sich bei der Bestellung am Verkauf, am Lagerbestand, an bestellten und noch ausstehenden Lieferungen.
(2) Der Warenfluss läuft vom „Zentralen Wareneingang“ bis hin zum Verkauf.

b) (1) Mobiler Scanner: Der Lichtstrahl eines Spezialstifts wird über den Strichcode gezogen, die Helligkeitsunterschiede werden in elektronische Signale verwandelt.
(2) OCR = Optical Character Recognition = Scannerart, ähnlich wie (1)
(3) Tastatur zum manuellen Eingeben von Daten
(4) elektronische Waage zum Abwiegen von Obst, Gemüse, Wurst u. Ä. Sie ist mit der Kasse und dem Zentralcomputer verbunden.
(5) MDE-Gerät: Mit dem Mobilen Datenerfassungsgerät lassen sich Bestandszählungen von Artikeln mit Strichcode durchführen.
(6) elektronische Datenkasse, die in Verbindung mit dem Zentralcomputer steht

Aufgabe 22

a) (1) „Renner“: Funkwecker und Armbanduhr Fossil 53
(2) „Penner“: Funkuhr Gold Superior 100 und Funk-Solaruhr Chronograph 95

b) (1) „Renner“: Armbanduhr Fossil 53 und Swatch Chronograph 11
(2) „Penner“: Funkwecker Typ 13 und Funkuhr Gold Superior

c) (1) „Renner“: Armbanduhr Fossil 53 und Swatch Chronograph 11
(2) „Penner“: Funkwecker Typ 13 und Armbanduhr Junior 13

Reingewinn: Unterschied zwischen Barverkaufspreis und Selbstkosten
Rohgewinn: Unterschied zwischen Bruttoverkaufspreis und Einstandspreis (er schließt die Umsatzsteuer mit ein)

d) Rechnerisch richtig, doch locken der günstige Preis und der hohe Monatsabsatz Kunden in das Geschäft und geben Anregung/Kaufimpulse für andere Produkte.

e) Armbanduhr Fossil 53 und Funkuhr Gold Superior 100

f) Meldebestand = Sicherheitsbestand + (Tagesumsatz · Lieferzeit) = 15 + (3 · 14) = 57

g) Funk-Solaruhr Chronograph 95

Aufgabe 23

a) (1) Anzahl verkaufter Produkte: siehe Verkaufsstatistik pro Artikel

(2) Die Anzahl benötigter Produkte hängt ab von:
- den Informationen zum Produkt: Eigenschaften, Qualitätsstufe, Preislage, Zielgruppe, Marktchancen,
- der Bedarfsmeldung des Lagers bzw. des Verkaufs (siehe computergestütze Warenwirtschaft),
- der Entwicklung der Warengruppe, zu welcher das Produkt gehört,
- der Konkurrenzsituation,
- dem Konsumtrend u. Ä.

(3) Planung der Bestellmenge:

Anhaltspunkte für die Ermittlung der Bedarfsmenge sind:

Verkaufsmenge des Vorjahrs	600 Stück
+ geplante Absatzsteigerung, z. B. 10 %	60 Stück
Verkaufsmenge im Planjahr	660 Stück
– vorhandener Lagerbestand	160 Stück
– bereits laufende Bestellungen	100 Stück
Bedarfsmenge	400 Stück

(4) Zeitpunkt der Bestellung: bei Massenprodukten ist der Meldebestand zu nehmen.

Meldebestand = (Verkaufsmenge/Tag · Beschaffungszeit) + Sicherheitsbestand

(5) Bezugsquellen: bisherige Lieferanten (Herstellern), branchenbezogenen Messen, Einkaufsverbände, Großhandel, Handelsvertreter u. Ä.

b) – **Stichtagsinventur**: Innerhalb von 10 Tagen vor oder nach dem Abschlussstichtag kann die Inventur vorgenommen werden. Mengen und Werte werden dann zurückgerechnet oder fortgeschrieben.
– **Permanente Inventur**: Sie findet fortlaufend durch Eintragung in die Bestandskartei bzw. -datei statt.
– **Verlegte Inventur**: Sie kann innerhalb der letzen 3 Monate vor, oder innerhalb der ersten 2 Monate nach dem Abschlussstichtag stattfinden. Die Bestände werden auf den Abschlussstichtag bezogen.

c) Individuell beantworten

d) Technisches Hilfsmittel im Bereich verpackter und mit Strichcode versehener Artikel ist das mobile Datenerfassungsgerät (= MDE).

Aufgabe 24

a) Die Umschlagshäufigkeit (= Lagerumschlagsgeschwindigkeit) gibt an, wie oft/häufig ein Artikel durchschnittlich im Jahr verkauft wird.

b) Berechnung: $\frac{\text{Wareneinsatz}}{\text{durchschnittlicher Lagerbestand}}$

c) Die Zunahme der Umschlagshäufigkeit bewirkt:
- eine Senkung der Lagerkosten,
- eine Verringerung des Kapitalbedarfs,
- eine Erhöhung der Wirtschaftlichkeit und des Betriebsergebnisses,
- eine Erhöhung der Umsatzrendite.

d) Die Lagerdauer gibt an, wie lange sich der durchschnittliche Lagerbestand im Lager befindet, bis er verkauft wird.

Berechnung der durchschnittlichen Lagerdauer = $\frac{\text{360 Tage}}{\text{Umschlagshäufigkeit}}$

e) Der Jahresrohgewinn für einen Artikel bzw. eine Warengruppe ergibt sich aus:

Jahresrohgewinn = (Verkaufspreis − Bezugspreis) · Anzahl der verkauften Artikel

hier z. B. (17,90−9,95) · 800 = 6360,00 EUR

Aufgabe 25

a) Umsatz = Absatzmenge · Verkaufspreis =
Produkt 1 = 50 · 39 = 1950,00 EUR
Produkt 2 = 40 · 49 = 1960,00 EUR

a) (1) „Renner“ vom Absatz her: Artikel 300 001 + 300 002; „Penner“: 300 004 + 300 006
(2) „Renner“ vom Umsatz her: Artikel 300 04 + 300 003; „Penner“: 300 006

c) Trotz geringer verkaufter Menge ist vermutlich der Gewinn dieser Uhr hoch, der Artikel verbessert das Image der Abteilung (hochwertiges Sortiment, Luxusgut).

d) Der Bedarf wird außerdem beeinflusst von Veränderungen im Kaufverhalten, der Änderung der Kaufkraft der Kunden, von Werbemaßnahmen, der Jahreszeit, z. B. Weihnachtszeit, typisch für (wertvolle) Geschenkkäufe.

e) Ziele der Einkaufsplanung: Welche Waren beschafft werden sollen, hängt stark ab von der Art des Geschäfts, der Betriebsform, der Betriebsgröße, dem Standort, der Kundenstruktur mit ihren Erwartungen und Wünschen. Weitere wichtige Ziele: ein günstiger Einkauf, zuverlässige Lieferanten, pünktliche Lieferung u. Ä.

f) Ziel der Beschaffung ist es, genau die richtige Menge zu beschaffen, d. h. nicht zu viel und nicht zu wenig bestellen.
Durch **hohe Bestellmengen** lassen sich günstige Lieferkonditionen (z. B. Mengenrabatt) aushandeln, eine hohe Lieferbereitschaft und **niedrige Bestellkosten** (z. B. Personal-, Transportkosten) erreichen. Auf der anderen Seite entstehen jedoch **hohe Lagerhaltungskosten** (z. B. Lagermiete, Lagerpersonal und -einrichtung) und Lagerrisiken (z. B. Verderb, Modeänderung).
Werden **niedrige Mengen bestellt**, dann muss öfter nachbestellt werden, sodass **hohe Bestellkosten** entstehen und die Lieferbereitschaft leidet (z. B. Kundenverlust). Dafür sind die Lagerbestände niedrig, sodass **niedrige Lagerhaltungskosten** anfallen.

4 Kaufmännische Steuerung und Kontrolle

Aufgabe 26

a) (1) Fixe Kosten: sind feste, unabhängig von Schwankungen der Verkaufsmenge gleichbleibende Kosten, z. B. Abschreibungen, betriebliche Steuern, fest vereinbarte Gehälter, Mieten, Beiträge.

(2) Aufwendungen: ist der gesamte Werteverzehr in einer Periode. Wir unterscheiden betriebsbezogene Aufwendungen (= Kosten) und unternehmensbezogene (= neutrale) Aufwendungen, z. B. Steuernachzahlungen, Brandschäden u. Ä.

(3) Leistungen: sind betrieblich bedingte Wertezuflüsse einer Periode, kurz: betriebliche Erträge, z. B. Verkaufserlöse.

b) Aufgaben und Ziele der Buchführung:
- Überblick über Vermögen, Schulden und Ertragslage
- Erfolgsermittlung, Ermittlung des Betriebsergebnisses
- Grundlage für die Kalkulation (Preisermittlung)
- Grundlage für betriebliche Entscheidungen
- Information für Eigentümer, Banken und Arbeitnehmer
- Steuerung und Kontrolle der Waren- und Finanzströme

c) Die Produktivität misst die **mengenmäßige Ergiebigkeit** der betrieblichen Leistung im Verhältnis zum mengenmäßigen Mitteleinsatz.

(1) Die Personalproduktivität ist das Verhältnis von Umsatz (z. B. 800000,00 EUR) zu Anzahl der Mitarbeiter (z. B. 5).

$$\text{Personalproduktivität} = \frac{\text{Umsatz}}{\text{Anzahl der Mitarbeiter}} \quad \text{Beispiel:} \frac{800\,000{,}00\text{ EUR}}{5} = 160\,000\text{ EUR pro Mitarbeiter}$$

(2) Flächenproduktivität ist das Verhältnis von Umsatz (z. B. 800000,00 EUR) zu Verkaufsfläche (z. B. 150 m^2)

$$\text{Flächenproduktivität} = \frac{\text{Umsatz}}{\text{Verkaufsfläche}} \quad \text{Beispiel:} \frac{800\,000{,}00\text{ EUR}}{150} = 5333{,}33\text{ EUR pro } m^2$$

(3) Individuell beantworten

Aufgabe 27

a) Probleme:
- Kunden verlangen stets frisches Obst und Gemüse, doch die Hitze setzt Obst und Gemüse stark zu.
- Die Warenpflege erfordert einen sehr hohen Aufwand zur Gewährleistung von Frische und Attraktivität.

Drei Möglichkeiten:
- schönes, frisches Obst und Gemüse
- weniger schönes, frisches, noch verkäufliches Obst und Gemüse
- auszusonderndes Obst und Gemüse, das dem Image des Hauses abträglich ist

b) „Abschriften" bedeuten Abschreibungen auf Waren, die besonders häufig und hoch in Hitzeperioden anfallen. Diese Aufwendungen schmälern das Betriebsergebnis.

c) Die Sortimentsgestaltung erfordert in Hitzeperioden mehr Sensibilität. Welches Obst/Gemüse wir in welchen Mengen benötigen, hängt ab von:
- Konsumentenwünschen,
- den Produkten hinsichtlich ihrer Eigenschaften, Qualitätsstufen, Preislagen, Zielgruppen, Marktchancen, erzielbaren Gewinnen,
- der Konkurrenzsituation,
- der Hitzempfindlichkeit der Produkte,
- der Lagerungsmöglichkeit im Kühlraum u. Ä.

d) (1) eine sensible Preisgestaltung mit Preisnachlass bei weniger schönem, frischem, aber noch verkäuflichem Obst und Gemüse

(2) Schlechteres Obst und Gemüse sollte weniger auffällig platziert/präsentiert werden.

Aufgabe 28

a) (1) Die Umschlagshäufigkeit (= Lagerumschlagsgeschwindigkeit) gibt an, wie oft/häufig ein Artikel durchschnittlich im Jahr verkauft wird.

$$\text{Berechnung: } \frac{\text{Wareneinsatz}}{\text{durchschnittlicher Lagerbestand}}$$

Eine Zunahme der Umschlagshäufigkeit bewirkt eine:
- Senkung der Lagerkosten,
- Verringerung des Kapitalbedarfs,
- Erhöhung der Wirtschaftlichkeit und des Betriebsergebnisses,
- Erhöhung der Umsatzrendite.

Eine Abnahme bewirkt das Gegenteil.

(2) Mengenmäßiger Renner: Produkt mit dem größten Absatz in Stückzahlen; allerdings sagt dies wenig über den Erfolg aus, weil die Menge **allein** für den Erfolg nicht maßgebend ist, sondern der Gewinn je Produkt. Damit es nicht zu Nachschubschwierigkeiten und Kundenverlust kommt, ist der Absatz genau zu beobachten und bei Erreichen des Meldebestands nachzubestellen.

(3) Umsatzmäßiger Renner: Produkt mit dem größten Umsatz je Artikel. Doch Umsatz allein sagt noch relativ wenig über den Erfolg aus. Wichtig für den Betriebserfolg sind außerdem Absatzzahlen und Rohgewinn je Artikel.

(4) Die Handelsspanne ist ein prozentualer Abschlag, ausgehend vom Nettoverkaufspreis eines Produkts.

Beispiel:			
	Einstandspreis (Bezugspreis)	= 300,00 EUR	
	Handelsspanne	= 200,00 EUR	= x %
	Nettoverkaufspreis	= 500,00 EUR	= 100 %

$$\text{Handelsspanne} = \frac{(\text{Nettoverkaufspreis} - \text{Einstandspreis}) \cdot 100)}{\text{Nettoverkaufspreis}} = \frac{200 \cdot 100}{500} = 40\,\%$$

Mithilfe der uns bekannten betrieblichen Handelsspanne können wir z. B. vom erzielbaren Nettoverkaufspreis aus auf das Angebot eines Lieferers eingehen oder dieses ablehnen.

b) Beispiele:
- Sortimente ermitteln, die viel/wenig zum Erfolg beitragen. Dabei hilft die Ermittlung des Deckungsbeitrags.
- Werben
- Kundenbefragung durchführen
- günstigere Lieferanten suchen
- Absatzentwicklung des Produkts studieren
- Rohgewinn des Produkts ermitteln
- Sortimentsbereinigung

Aufgabe 29

a) Die Jahresinventur erfasst sämtliche Vermögens- und Schuldteile, um daraus das Reinvermögen zu ermitteln. Der Kaufmann/die Kauffrau muss wissen, wie sich sein/ihr Vermögen und seine/ihre Schulden entwickeln. Aus der Entwicklung leitet man den Erfolg oder den Misserfolg ab.
Die Jahresinventur ist dem Kaufmann gesetzlich vorgeschrieben. Sie kann erfolgen als
- Stichtagsinventur,
- permanente Inventur,
- verlegte Inventur.

b) Individuell beantworten.

c) Beispiele für Positionen der GuV-Rechnung

Soll = Aufwendungen	Gewinn- und Verlustkonto Erträge = Haben
1. Aufwendungen für Waren	10. Umsatzerlöse
2. Aufwendungen für Recycling und Entsorgung	11. Zinserträge
3. Instandhaltung und Reparatur	
4. Gehälter	
5. Abschreibung auf Sachanlagen	
6. Büromaterial	
7. Werbung und Dekoration	
8. Zinsaufwand für Bankkredit	
9. Gewinn	

d) (1) Umsatzrentabilität gibt an, wie viel Gewinn je 100,00 EUR Umsatz verdient wird.

$$\text{Umsatzrentabilität} = \frac{\text{Gewinn}}{\text{Umsatzerlöse}} \cdot 100$$

Die Umsatzrentabilität ist im Einzelhandel relativ gering, sie ist auch branchenabhängig, z. B. in Supermärkten ca. 0,5–1,5 %. Das heißt: bei 100,00 EUR Umsatz entsteht ein Gewinn von ca. 0,5–1,5 EUR.
(2) Individuell beantworten.

Aufgabe 30

a) Vorwärtskalkulation
Ziel: Ermittlung des Bruttoverkaufspreises
Kalkulationsschema:

	Einkaufspreis (netto)		Gegeben; Bezugskalkulation
–	Liefererrabatt	25 % v. H.	
	Zieleinkaufspreis		
–	Liefererskonto	2 % v. H.	
	Bareinkaufspreis		
+	Bezugskosten (z. B. Fracht)		
	Einstandspreis (Bezugspreis)		
+	Handlungskostenzuschlag	30 % v. H.	Verkaufskalkulation
	Selbstkostenpreis		
+	Gewinnzuschlag	20 % v. H.	
	Barverkaufspreis		
+	Kundenskonto	3 % i. H.	
	Zielverkaufspreis		
+	Kundenrabatt	10 % i. H.	
	Nettoverkaufspreis		
+	Umsatzsteuer	19 % v. H.	
	Bruttoverkaufspreis		Gesucht

b) Beispiel: Wenn unser Kalkulationszuschlag für ein(e) bestimmte(s) Produkt/Warengruppe 45 % beträgt, kalkulieren wir wie folgt:

Bezugspreis	100 %	10,00 EUR
+ 45 % Kalkulationszuschlag	45 %	4,50 EUR
Verkaufspreis	145 %	14,50 EUR

c) (1)

Regalzone	Regalhöhe
Reckzone	über 150 cm
Sichthöhe = Augenhöhe	120 bis 150 cm
Griffzone	80 bis 150 cm
Bückzone	unter 80 cm

(2) Die Wertigkeit beruht auf Beobachtungen und Erfahrungen:

Beste Platzierung:	Sichtzone in Augenhöhe; das Regal ist im Blickfeld; das Auge nimmt in dieser Zone schnell und umfassend viele Informationen wahr
Zweitbeste Platzierung:	Griffhöhe: der Kunde „greift“ gerne zu
Drittbeste Platzierung:	Reckzone
Viertbeste Platzierung:	Bückzone, Kunden bücken sich ungern

5 Marketing

Aufgabe 31

a) Aufgaben und Ziele der Werbung
- Informieren über Produkte, Sortimente, Preise, Leistungen eines Unternehmens
- Menschen beeinflussen
- Bedürfnisse wecken
- Kunden zum Kaufabschluss bewegen
- Umsatz erhöhen
- Marktanteile ausbauen
- Stammkunden erhalten
- neue Kunden gewinnen
- Geschäftsimage steigern

b) (1)

Wichtige Werbemittel		
Schaufenster	**Zeitungsanzeige**	**Plakate**
Visitenkarte des Geschäfts; wirkungsvoll, da Ware im Original gezeigt werden kann, Ware spricht für sich; Auslagen regen zu Impulskäufen an; wirtschaftlich im Vergleich zu andere Werbemitteln	**großer Verbreitungs- und Kundenkreis**; durch Anzeigen in Fachzeitschriften werden homogene Zielgruppen angesprochen, dadurch entstehen geringe Streuverluste	erlauben **keine gezielte Werbung**. Plakate werden insbesondere eingesetzt bei der Werbung für – Markenartikel – Sonderangebote – Neuheiten – Sonderveranstaltungen
Werbebriefe	**Wurfsendungen/Handzettel**	**Prospekte/Kataloge**
sind ein Mittel der **Direktwerbung**. geringe Streuverluste durch gezielte Werbung, hohe Werbewirkung, weil Kunden persönlich angesprochen werden	richten sich an die **Allgemeinheit**; geworben wird überwiegend für Waren des täglichen Bedarfs oder für Sonderveranstaltungen.	werden **zielgruppenbezogen** eingesetzt; Prospekte enthalten meist nur Ausschnitte aus dem Gesamtsortiment oder bestimmte Warengruppen, Kataloge zeigen und beschreiben das gesamte Sortiment.

(2) Individuell beantworten

c)

	Arten der Werbung	Erläuterung	Vorteile
(1)	**Alleinwerbung/Einzelwerbung**	Werbung eines Unternehmens für sein Geschäft, sein Sortiment, seine Produkte	Abgrenzung gegenüber der Konkurrenz; nützt allein dem Werbetreibenden
(2)	**Gemeinschaftswerbung**	Mehrere Unternehmen werben gemeinsam, das einzelne U. ist nicht zu erkennen.	– kostengünstiger – wirtschaftlicher – schlagkräftiger
(3)	**Sammelwerbung/ Aktionswerbung**	Mehrere Unternehmen werben gemeinsam, das einzelne U. ist zu erkennen (s. o).	– kostengünstiger – unterstützt Einzelwerbung – wertet Standorte auf
(4)	**Verbundwerbung**	Hersteller und Einzelhändler werben für zusammengehörende Produkte.	Bedarfsbündel werden vorgestellt; Problemlösungen werden angeboten; gegenseitiger Nutzen für die Werbetreibenden

d) (1) Unter einer „Zielgruppe“ versteht man eine klar definierte Personengruppe, die nach unterschiedlichen Gesichtspunkten gegenüber anderen Gruppen abgegrenzt wird. Beispiele: Interessen, Verhalten, Kaufmotive, Konsumneigung, Einkommen. Beispiele für Zielgruppen sind: Hausfrauen, Jugendliche, Senioren, berufstätige Frauen

(2) Individuell beantworten

Aufgabe 32

a) Phasen der Werbeplanung

Situation des Geschäfts analysieren	hinsichtlich Image, Sortiment, Kundenstruktur, Einzugsgebiet, Konkurrenz
Werbeziele und Werbeobjekte festlegen	konkrete Angaben über ökonomische Ziele, z. B. Umsatzsteigerung um 5 % gegenüber dem Vorjahr, neue Kunden gewinnen, Image steigern Objekte: Unternehmen, Sortiment, bestimmtes Produkt
Zielgruppen bestimmen	Personenkreis, an den sich die Werbung richtet
Werbeetat planen	Geldmittel für die Werbung bereitstellen, je nach – Art, Größe, Umsatz des Unternehmens – Konkurrenz – Konjunktur

Streupläne aufstellen
– Streukreis: Wer soll beworben werden (Zielgruppe)?
– Streuzeit: Wann und wie lange soll geworben werden?
– Streugebiet: In welchem Ort soll geworben werden?
– Streuweg: Welche Medien sollen zur Verbreitung der Werbebotschaft eingesetzt werden?

b)

Werbemittel wirksam gestalten
Werbebotschaften: A → Aufmerksamkeit erregen: z. B. durch Farben, Slogans, Licht, Musik, Schrift **Attention** I → Interesse wecken: z. B. durch Fragen, Anbieten von Problemlösungen **Interest** D → Kaufwünsche steigern: z. B. durch nützliche Eigenschaften, Wirkungen **Desire** A → Ziel: einen Kaufabschluss zu tätigen **Action**

c)

Werbesprache			
Die Sprache ist das wichtigste Mittel der Verständigung. Mit ihr kann gezielt auf Denken, Fühlen und Handeln eingewirkt werden. Werbetexte sind:			
zielgruppenorientiert	**verständlich**	**anschaulich**	**einprägsam**
sprechen z. B. Jugendliche, ältere Personen oder bestimmte Berufsgruppen an	durch einfache Beschreibung/ Wortwahl	durch Schilderungen, Spots, Sketche, Grafiken	durch Slogans, Wortspiele, Übertreibungen, Wortneubildungen

d) Werbeerfolgskontrolle
Die **Werbeerfolgskontrolle zeigt**, ob
– die gesteckten Ziele mit der Werbemaßnahme erreicht wurden,
– sich die Werbemaßnahme gelohnt hat.

Methoden der Werbeerfolgskontrolle		
Umsatzvergleich	**Abverkaufskontrolle**	**Kundenfrequenzvergleich**
Vergleich der Umsätze vor der Werbemaßnahme mit den Umsätzen nach Durchführung der Werbung	Beobachtung der Abverkaufsergebnisse nach der Werbung	Prüfung der Kundenzahlen vor und nach der Werbemaßnahme
Kundenbeobachtung	**Kundenbefragung**	**Wirtschaftlichkeit**
Beobachtung des Kundenverhaltens soll Aufschluss geben, ob die Werbemaßnahme zur Kenntnis genommen wird	Befragung der Kunden über die Werbung soll ermitteln, wie die Maßnahme wirkt	Der Aufwand für die Werbemaßnahme muss in angemessenem Verhältnis zum Ertrag stehen.

Aufgabe 33

a) Bei der Warenplatzierung geht es um die Frage, **wo** die Ware platziert wird. Bei der Warenpräsentation geht es um die Frage, **wie** die Ware im Schaufenster und im Geschäft gezeigt wird.

b) Charakterisierung des Versorgungs- und des Erlebniskaufs

Arten der Einkäufe	Versorgungskäufe	Erlebniskäufe
Beispiele	Kauf von Lebensmitteln, Haushaltsartikeln, Reinigungsmitteln, Waren des täglichen Bedarfs u. Ä.	Kauf von Produkten wie „Alles für Ihre Schönheit“, „für den schönsten Tag“, festliche Textilien, wertvoller Schmuck u. Ä.
bevorzugte Verkaufsform	SB und Vorwahl	Vorwahl und Bedienung
bevorzugte Betriebsform/ Vertriebsschiene	Supermarkt Discounter Verbrauchermarkt Filialist u. Ä.	Spezialgeschäft Fachgeschäft Einkaufszentrum Fachmarkt u. Ä.
Verkaufsatmosphäre/ Geschäftsausstattung	funktionell/modern, sachlich und rational	exklusiv, vornehm, emotional ansprechend

c) Verkaufsstarke und verkaufsschwache Zonen/Platzierungen in Selbstbedienungsgeschäften

Verkaufsstarke Platzierung	Verkaufsschwache Platzierung
– Außengänge und rechts vom Kunden liegende Wege (dort: Artikel mit höherer Kalkulation) – Auflaufpunkte und Stirngondeln (dort: günstige Angebote und aktuelle Waren) – Kassenzone (höher kalkulierte Artikel und solche, die mit der Branche wenig zu tun haben)	– Eingangszone (dort attraktive Angebote platzieren) – Mittelgänge und Warenträger links vom Kundenlauf (dort: Verkaufsförderung und attraktive Preise) – Ecken und Nischen (attraktive Angebote platzieren/Magnetartikel)

d)

Zone:	Höhe:	Wertigkeit:
Reckzone	über 150 cm	drittbeste Platzierung, gut für Plankäufe
Sichtzone = Augenhöhe rechts	ca. 120–150 cm	beste Platzierung, gut für Impulskäufe und höher kalkulierte Artikel
Griffzone	ca. 80–120 cm	zweitbeste Platzierung, gut für Impuls- und Plankäufe
Bückzone	unter 80 cm	viertbeste Platzierung, gut für Plankäufe

Aufgabe 34

a) Unter Visual Merchandising versteht man das Sichtbarmachen (= visual) des Warenangebots durch verkaufsfördernde Maßnahmen (= merchandising), im Schaufenster und in den Verkaufsräumen. Dem Kunden werden besondere „Reize" über das Auge vermittelt.

b) Visual Merchandising will mit faszinierenden Warenwelten Blicke auf sich ziehen. Dabei sollen Kunden in stimmungsvolle Gefühlswelten versetzt werden und „Lust auf Ware" bekommen, die zum Kauf führt. Dieses Konzept entspricht neuen Erkenntnissen und Beobachtungen der (Wahrnehmungs-)Psychologie, d. h. der Lehre vom (Wahrnehmungs-)Verhalten des Menschen (vgl. hierzu auch Aufgabe 2 b).

Visual-Merchandising-Maßnahmen

Wegeführung	Präsentationsstrategien	Farb- und Größensortierung	Faszinationspunkte	Licht und Beleuchtung	Wandpräsentation	Schaufenster

c) Individuell beantworten

d) Serviceleistungen in Verbindung mit der Ware
- fachgerechte Verpackung
- Warenzustellung
- Aufstellen, Anschließen, Einstellen von Geräten
- Wartungs- und Reparaturdienst
- Sonderbestellungen
- Auswahlsendung
- Zurücklegen von Produkten
- Garantie
- Umtausch
- Rücknahme von Verpackungen

Erhöhen und erhalten den Gebrauchswert eines Produkts.

e) Serviceleistung Auswahlsendung
- Kunde kann sich im Geschäft nicht entscheiden
- Kunde muss sich ausweisen, Auswahlschein ausfüllen
- Kunde muss Empfang der Ware bestätigen
- Auswahl auf wenige Stücke begrenzen
- Rückgabezeitpunkt vereinbaren

f) Serviceleistungen bei der Bezahlung
- Kundenkarte
- Kreditkarte
- Electronic Cash
- Kauf auf Rechnung
- Ratenkauf
- Inzahlungnahme von Gebrauchtgeräten
- Mietkauf, Leasing
- Couponing

g) Große Einzelhandelsgeschäfte und Filialisten geben Kundenkarten aus.

Vorteile für den Kunden:
- Statt mit Bargeld begleichen diese ihre Einkäufe mit Kundenkarten, wobei das Konto des betreffenden Kunden belastet wird. In bestimmten Zeitabständen wird vom Girokonto des Kunden abgebucht.
- Kunden erhalten umsatzabhängige Rabatte bzw. sie sammeln Punkte und erhalten dafür Prämien in Form von Sachgegenständen.

Vorteil für das Geschäft: Kundenkarten sind beliebte Maßnahmen der Kundenbindung und ermöglichen dem Geschäft Analysen zum Einkaufsverhalten, z. B. wann, was, wie viel der Kunde kauft. Manche Kundenkarten können bei den betreffenden Geschäften auch als Kreditkarte verwendet werden. Voraussetzung: In einem Antragsformular weist der betreffende Kunde seine Kreditwürdigkeit (Einkommen, Verpflichtungen u. Ä.) nach und gibt Auskunft zu seiner Person und seinem Wohnort.

Aufgabe 35

a) Unter Verkaufsförderung am „Point of Sale“ versteht man kurzfristige Maßnahmen am Ort des Verkaufs (= engl.: point of sale), um Absatz, Umsatz und Gewinn zu steigern.

b) Ziele der Verkaufsförderung
- neue Kunden gewinnen, die Verweildauer beim Einkaufen verlängern, Kundenfrequenz und Kundenbindung steigern
- Kaufanreize / Impulskäufe schaffen, insbesondere durch Preisaktionen
- Sortimentskompetenz und Image des Geschäfts verbessern

c) Beispiele:
- mit Produkt- und Preisaktionen Kunden locken
- anregende Themen stilvoll präsentieren
- zündende Werbeslogans verbreiten
- imagebildende Aktionen anbieten
- Geschäft attraktiv gestalten
- Neugier weckende Schaufenster gestalten
- nützliche Serviceleistungen bieten
- auf glücksbringende Preisausschreiben hinweisen

d) Individuell bearbeiten

e) Sortimentsgestaltung ist abhängig von
- dem Bedarf der Kunden. Beispiel: Mode für junge Leute
- dem Kundenkreis/der Zielgruppe. Beispiel: „Für die ganze Familie“
- dem Einkommen/der Kaufkraft der Kunden. Beispiel: hohe Kaufkraft in Großstädten
- dem Preis- und Qualitätsniveau der Waren. Beispiel: teure/preiswerte Waren

f) Sortimentserweiterung: Zusätzliche Produkte oder Warengruppen werden in das Sortiment aufgenommen.
Sortimentsbereinigung: Wenig profitable Produktgruppen oder Produkte werden aus dem Sortiment genommen.

g) Der Preis einer Ware wird. u. a. bestimmt von
- den Herstellungskosten,
- den Lieferungs- und Zahlungsbedingungen,
- dem Standort und der Betriebsform,
- der Kostensituation,
- den Gewinnerwartungen,
- den Preisen der Konkurrenz,
- der Nachfrage.

h) Vorwärtskalkulation
Ziel: Ermittlung des Bruttoverkaufspreises
Kalkulationsschema:

	Einkaufspreis (netto)		Gegeben
–	Liefererrabatt	25 % v. H.	
	Zieleinkaufspreis		
–	Liefererskonto	2 % v. H.	Bezugskalkulation
	Bareinkaufspreis		
+	Bezugskosten (z. B. Fracht)		
	Einstandspreis (Bezugspreis)		
+	Handlungskostenzuschlag	30 % v. H.	
	Selbstkostenpreis		
+	Gewinnzuschlag	20 % v. H.	
	Barverkaufspreis		
+	Kundenskonto	3 % i. H.	Verkaufskalkulation
	Zielverkaufspreis		
+	Kundenrabatt	10 % i. H.	
	Nettoverkaufspreis		
+	Umsatzsteuer	19 % v. H.	
	Bruttoverkaufspreis		Gesucht

i) Einzelne Artikel werden manchmal bewusst niedrig, andere dagegen hoch kalkuliert, um bestimmte Eindrücke bei Kunden zu erwecken. Mit dieser Mischkalkulation versucht der Einzelhändler insgesamt Kostendeckung zu erreichen und einen angemessenen Gewinn zu erzielen.

6 IT-Anwendungen

Aufgabe 36

a) Leistungsmerkmale moderner Telefone:

Wahlwiederholung:	Die zuletzt gewählte Rufnummer wird gespeichert und durch Tastendruck „Wahlwiederholung“ automatisch wiederholt.
Kurzwahl:	Häufig benötigte Rufnummern werden auf Tasten gespeichert. Zum Wählen wird nur diese Taste verwendet.
Namenstaste:	Die Namenstaste = Zielwahltaste speichert Rufnummern. Mit einem Tastendruck wird der Wählvorgang ausgelöst.
Display:	Das Display zeigt anrufende oder abgehende Rufnummern an.
Freisprechen:	Das Telefon kann ohne Hörer genutzt werden.
Stummschaltung:	Ermöglicht während eines laufenden Gesprächs, das Mikrofon auszuschalten, sodass der Telefon-Gesprächspartner ein anderes Gespräch nicht mithören kann.

b) Die Höhe der Verbindungskosten hängt ab vom Anbieter der Telefondienstleistungen.

c) – Datenschutz: sorgt für den Schutz personenbezogener Daten vor Missbrauch
   – Datensicherung: Maßnahmen zum Schutz von Daten und Programmen vor Fehlern, Zerstörung, Verlust und Missbrauch

d) Ziele der Datenverarbeitung im Einzelhandel:
   – Arbeitserleichterung
   – Senkung der Betriebskosten
   – Steuerung und Überwachung betrieblicher Vorgänge
   – Beschleunigung des Informationsflusses u. Ä.

Aufgabe 37

a) Das Grundprinzip der Datenverarbeitung (E-V-A-Prinzip)

b) Voraussetzung für den Internetzugang
   – ein leistungsfähiger PC
   – ein Telefonanschluss
   – ein geeignetes Modem oder ISDN/DSL-Anschluss
   – ein Provider (Zugang zum Internet)
   – eine Internet-Software (Browser)
   – eine Zugangsberechtigung

c) Über 70 Prozent aller Haushalte und die meisten Einzelhandelsgeschäfte nutzen das Internet zum Bereitstellen und Abrufen von Informationen, zum Kommunikationsaustausch und zum Herunterladen von Programmen, Grafiken, Filmen, Musik und anderen Dateien.

Aufgabe 38

a) Vorteile eines Fax/Beispiele:
   - unmittelbare Informationsübermittlung
   - schriftliches, beweiskräftiges Dokument
   - weltweites Telefonnetz
   - Empfangsbereitschaft auch außerhalb der Geschäftszeit
   - einfache Technik

b) Gerätebenutzung: Die hand- oder maschinengeschriebene Vorlage sowie Zeichnungen und Abbildungen werden auf die Glasplatte des Geräts gelegt. Die Inhalte der Vorlage werden Punkt für Punkt abgetastet. Die unterschiedlichen Helligkeitswerte (Rasterpunkte) werden in elektrische Signale verwandelt und über das Telefonnetz übertragen. Im Empfangteil werden die elektrischen Signale mit hellen und dunklen Punkten auf ein Blatt übertragen. Jedes Faxgerät verfügt demnach über ein Sende- und ein Empfangsteil.

c) Fax-Prinzip: siehe Aufgabe 38 b)
   E-Mail: unabhängig von der Tageszeit können Nachrichten sekundenschnell von einem beliebigen PC aus weltweit verschickt werden. Auch Grafiken, Fotos und ganze Dateien lassen sich per E-Mail verschicken. Absender und Empfänger benötigen eine E-Mail-Adresse.

Aufgabe 39

a) Dienstleistungen für Online-Kunden:
   - Zugang zum Internet: Handelsübliche Endgeräte sind PCs, Laptops, Handys, Organizer
   - Kommunikation im Internet: Weltweit können E-Mails versendet und empfangen werden.
   - Online-Banking: Bankgeschäfte wie Überweisungen, Abfragen von Kontoständen, Einrichten von Daueraufträgen können vom Computer aus erledigt werden.

b) Das Internet umfasst alle Kommunikationsdienste für Sprache, Text, Bild und Daten über eine Leitung.

c) Erläuterung der Begriffe Hard- und Software
   - Hardware: Hardwarebestandteile sind alle Geräte (z. B. Zentraleinheit, Peripheriegeräte) und Datenträger. Die Zentraleinheit besteht aus Prozessor (Chip = Rechen- und Steuereinheit) und Arbeitsspeicher (RAM = Random Access Memory) (speichert Daten und Programme); Datenträger ist meist eine Festplatte, die durch beschreibbare CDs/DVDs, Sticks, oder Karten (z. B. MMC-, SD-Karten) erweitert werden kann.
   - Software: Sie dient der Lösung bestimmter, vorgegebener Aufgaben.
     - Branchenunabhängige Programmwerkzeuge („Tools“) sind z. B. bei der Textverarbeitung Word, bei der Tabellenkalkulation Excel.
     - Standardsoftware bietet allgemeine Lösungen von bestimmten Aufgaben, z. B. für die Warenwirtschaft.
     - Individualsoftware dient der Lösung spezieller Probleme eines bestimmten Betriebs.

Aufgabe 40

a) Teamarbeit steigert die Effizienz eines Unternehmens. Durch die Kombination unterschiedlicher Fähigkeiten und Stärken erreicht man im Team wesentlich höhere Leistungsfähigkeit. Teamarbeit ist außerdem ein gutes „Instrument“, um Mitarbeiter zu motivieren und zu fördern.

b) Beispiele für betriebliches Handeln:
   - innere Bereitschaft für Teamarbeit entwickeln
   - eigene Ideen und Lösungsansätze in das Team einbringen
   - die Teammitglieder als gleichwertige Mitglieder akzeptieren
   - Informationen zeitnah und vollständig einholen und weitergeben
   - Termine und Fristen beachten
   - Feedback geben und annehmen

c) Konfliktlösungsstrategien:
   - andere Meinungen gelten lassen und respektieren
   - den Mitarbeitern Wertschätzung entgegenbringen
   - Konfliktursachen erkennen und sachlich benennen
   - Interessensunterschiede/Konflikte nicht auf der emotionalen Ebene, sondern auf der rationalen austragen
   - persönliche Angriffe vermeiden; diese „vergiften“ die Atmosphäre und erschweren Lösungen
   - Rückmeldungen zeitnah, in der Ich-Form beschreibend, geben
   - Rückmeldungen aufmerksam zuhören, annehmen, evtl. nachfragen

---

7 Personal

Aufgabe 41

a) Das Bruttogehalt eines Verkäufers setzt sich zusammen aus:
- Entgelt lt. Tarifvertrag oder aus dem vereinbarten Entgelt, das meist höher ist als das tarifliche Entgelt,
- evt. aus den Umsatzprämien,
- evtl. aus dem Weihnachts- und Urlaubsgeld, teilweise tariflich, teils übertariflich,
- evtl. aus vermögenswirksamen Leistungen des Arbeitgebers,
- evtl. sonstige Vergünstigungen wie Essenszuschuss, Nutzung eines Geschäftswagens, Erfolgsbeteiligung.

b) Gesetzliche Abzüge sind Lohnsteuer, Kirchensteuer, Solidaritätszuschlag, Arbeitnehmeranteile zur Renten-, Arbeitslosen-, Kranken-, Pflegeversicherung. Darüber hinaus sind vertragliche Abzüge möglich, z. B. vermögenswirksame Leistungen (vL) und Beiträge für Gewerkschaften.

c) Beispiele: Wohnsitz – Finanzamt, Kirche, Sozialversicherungsträger (Einzugsstelle ist der Gesundheitsfonds, der die Beiträge zu den einzelnen Trägern weiterleitet)

d) Aufbau einer Gehaltsabrechnung:

Grundgehalt
+ Zuschläge/Zulagen (evtl. siehe a)
+ vL des Arbeitgebers
___
Bruttoentgelt
– Lohnsteuer
– Kirchensteuer
– Solidaritätszuschlag
– Krankenversicherung (Arbeitnehmeranteil)
– Rentenversicherung (Arbeitnehmeranteil)
– Arbeitslosenversicherung (Arbeitnehmeranteil)
– Pflegeversicherung (Arbeitnehmeranteil)
___
Nettoentgelt
– vL
___
Auszuzahlender Betrag
===

e) **Sechs Lohnsteuerklassen** nach EStG § 38 b:

I	Alleinstehende (ledig, verwitwet, geschieden), dauernd getrennt lebende Verheiratete
II	Alleinerziehende der Steuerklasse I mit Entlastungsbetrag (1.308,00 EUR)
III	Verheiratete mit Ehepartner, der/die ohne Arbeitslohn oder in Steuerklasse V ist
IV	Verheiratete mit Ehepartner, der/die ebenfalls Arbeitslohn bezieht
V	Verheiratete mit Ehepartner, der/die in Steuerklasse III ist
VI	Für weitere Lohnsteuerkarten, wenn der Arbeitnehmer mehrere Arbeitgeber hat

Anstelle der Steuerklassenkombination III/V können Arbeitnehmer-Ehegatten auch die Steuerklassenkombination IV/IV mit Faktor wählen. Durch das Faktorverfahren wird erreicht, dass bei jedem Ehegatten die steuerentlastenden Vorschriften beim eigenen Lohnsteuerabzug berücksichtigt werden (Anwendung der Steuerklasse IV).

Aufgabe 42

a) Bei der Personalbedarfsplanung geht es um die Planung des künftigen Personalbedarfs. Folgende Gesichtspunkte sind zu beachten:
- Wie viele Mitarbeiter werden gebraucht?
- Welche Anforderungen in fachlicher, sozialer und methodischer Art müssen diese erfüllen?
- Wann werden die neuen Mitarbeiter gebraucht?
- Wo werden diese gebraucht?

b) (1) Die Personalbeschaffung befasst sich mit
  - der Beobachtung des Arbeitsmarktes,
  - der Werbung um neue Mitarbeiter,
  - der Auswahl an Personal,
  - der Einstellung von Personal.

(2) Vor- und Nachteile unternehmensinterner Personalbeschaffung

Vorteile	– kostengünstige Personalwerbung (keine Inserate, keine Reisekosten usw.) – Motivation der Mitarbeiter durch Aufstiegschancen und Auswahltransparenz – geringes Auswahlrisiko, da Leistung / Person des Mitarbeiters bekannt sind – kurze Einarbeitungszeiten (Mitarbeiter kennen innerbetriebliche Verhältnisse)
Nachteile	– eingeschränkte Auswahl (nur interner Arbeitsmarkt wird genutzt) – Personalkarussell (Stelle des erfolgreichen Bewerbers wird frei) – Probleme mit abgelehnten Bewerbern (Rivalitäten, Unzufriedenheit) – keine neuen Impulse/Ideen (Bewerber sind „betriebsblind“)

c) Gute Mitarbeitergespräche führen
In Fördergesprächen können die Erwartungen eines Mitarbeiters erkundet, Beurteilungsergebnisse besprochen und seine Entwicklungsmöglichkeiten aufgezeigt werden. Mitarbeitergespräche sollten vertraulich behandelt werden und immer mit einem gemeinsamen Beschluss enden.

d) Gratifikationen, Prämien, Zuschläge

Aufgabe 43

a) „Gute“ Einzelhandelskaufleute besitzen folgende Qualifikationen/Kompetenzen:
- fachliche Kompetenz, Beispiele: Waren-, Produkt-, Sortimentskenntnisse
- soziale Kompetenz, Beispiele: Teamfähigkeit, Reflektionsfähigkeit, Fairness gegenüber Kunden, Mitarbeitern, Vorgesetzten
- methodische Kompetenz, Beispiele: Lernfähigkeit, auch aus Fehlern und von anderen; Selbständigkeit

b) Hier müssen die in a) genannten Punkte besonders zutreffen hinsichtlich:
- der Art der Anforderungen,
- der Höhe der Anforderungen.

Dies gelingt am besten, wenn vorher ein Bewerberprofil erstellt wurde, welches die gewünschten Anforderungen für den betreffenden Einsatz in einer bestimmten Abteilung nennt.

c) Ein Arbeitsvertrag regelt
- die Bezeichnung der Dienstleistung,
- die Art der Tätigkeit und die damit verbundenen Vollmachten,
- das Entgelt und die übertariflichen Entgelte wie Umsatzprämie, Teamprämie, Weihnachts-, Urlaubsgeld, vermögenswirksame Leistungen und sonstige Vergünstigungen,
- die Dauer des Arbeitsverhältnisses: befristet oder unbefristeter Vertrag,
- Arbeitzeiten,
- Kündigungsfristen,
- Urlaub.

Aufgabe 44

a) – Vorbereitungen für ein reibungsloses Kassieren treffen,
– für das Kassieren verantwortlichen Vorgesetzten telefonisch informieren,
– eine Durchsage: „Bitte weitere Kasse öffnen“ tätigen

b) Inhalte einer Stellenbeschreibung

(1) Anforderungen:	Beschreibung des gesuchten Bewerberprofils. Beispiele: fachliche Fähigkeiten, Kontaktfähigkeit, Teamfähigkeit, freundliches Verhalten
(2) Beschreibung des Arbeitsplatzes:	Arbeitsmittel, regelmäßige und gelegentliche Arbeiten
(3) Betriebliche Organisationsdaten:	Bezeichnung der Tätigkeit, des Sachgebiets, Befugnisse des Stelleninhabers, über- und untergeordnete Stellen

c) Gründe für die Beendigung eines Arbeitsverhältnisses:
– Zeitablauf bei befristeten Arbeitsverträgen
– Aufhebungsvertrag
– Erreichen des Rentenalters
– Tod des Arbeitnehmers

Gründe für eine ordentliche Kündigung	Gründe für eine außerordentliche Kündigung
– gesetzliche oder vertragliche Kündigungsfristen sind einzuhalten – auf Wunsch des Mitarbeiters – durch den Arbeitgeber, Beispiele: betriebs-, personen- oder verhaltensbedingt	– fristlos aus wichtigem Grund – durch den Arbeitnehmer, Beispiele: bei Ausbleiben der Lohnzahlung oder durch Beleidigung

Aufgabe 45

a) Merkmale des Betriebsklimas:
– die allgemeine Atmosphäre eines Betriebs
– der Umgang und der Umgangston der Mitarbeiter untereinander
– die Zufriedenheit der Mitarbeiter hinsichtlich der Arbeitszeit, der Entlohnung, der Art der Arbeit, der Verantwortlichkeit, der Freude an der Arbeit
– Informationen über betriebliches Geschehen durch die Geschäftsleitung
– Anerkennung guter Leistungen, umgekehrt: Kritikkultur

b) Maßnahmen, um das Betriebsklima zu verbessern, siehe a)

c) Mobbing im Betrieb liegt vor, wenn ein Mitarbeiter fortgesetzt geärgert, angefeindet, schikaniert oder diskriminiert wird, entweder von Mitarbeitern oder von Vorgesetzten.

d) (1) Das einfache Zeugnis enthält Art und Dauer der Beschäftigung ohne eine Mitarbeiterbewertung.
(2) Das qualifizierte Zeugnis enthält zusätzliche Angaben über Führung und Leistung des Mitarbeiters.
Bestimmte Grundsätze sind zu beachten:
– Zeugniswahrheit und -klarheit: Die Aussagen müssen zutreffen, einmalige günstige/ungünstige Ereignisse sind nicht typisch und dürfen nicht in das Zeugnis aufgenommen werden.
– Die Interessen des Mitarbeiters sind zu wahren und sollen das berufliche Fortkommen fördern, deshalb ist ein „wohlwollendes“ Zeugnis auszustellen.
– Der künftige Arbeitgeber muss objektiv über den Mitarbeiter informiert werden.

Hinweis: Zwischen „wahrem“ und „wohlwollendem“ Zeugnis ergibt sich gelegentlich ein Zielkonflikt.

8 Grundlagen unternehmerischer Selbstständigkeit

Aufgabe 46

Gründungsvoraussetzungen

Persönliche Voraussetzungen	**Geschäftsfähigkeit**, ggf. Genehmigung des gesetzlichen Vertreters und des Familiengerichts erforderlich; **Zuverlässigkeit** (GewO §35), z. B. keine Vorstrafen, keine Missachtung von Berufspflichten und Sicherheitsbestimmungen in der Vergangenheit (vgl. Unfallverhütungsvorschriften u. Ä.); **Befähigungs- und Sachkundenachweis** für bestimmte Gewerbezweige, z. B. Arzneimittel, Milch, Drogeriewaren, Waffen, Hackfleisch
Sachliche Voraussetzungen	ausreichende **Kapitalausstattung** zur Beschaffung der Erstausstattung, z. B. Fördermittel, Eigen- und Fremdkapital; geeigneter **Standort**, z. B. Konkurrenzverhältnisse, Kundenfrequenz, Einzugsgebiet, Miethöhe; ausreichende **Fachkenntnisse** (eigene Ausbildung, geeignete Mitarbeiter); ausgewogenes **Sortiment** (Kern-, Randsortiment)
Rechtliche Voraussetzungen	**Anzeige des Gewerbes** beim Gewerbeamt (Rathaus) der Gemeinde, in der das Unternehmen seinen Sitz hat (GewO § 14). Mit der Abgabe des Vordrucks „Gewerbe-Anmeldung" werden folgende **Anmeldestellen** benachrichtigt: Landratsamt, Finanzamt (vergibt Steuernummer), Arbeitsagentur (vergibt Betriebsnummer), Krankenkasse (vergibt Betriebsnummer), Handels- bzw. Handwerkskammer, Berufsgenossenschaft (wegen der Unfallversicherung des Personals), Gewerbeaufsichtsamt, Eichamt (wegen der Überprüfung der eingesetzten Messgeräte wie z. B. Waagen), Polizeidienststelle (Wirtschaftskontrolldienst); **Eintragung des Gewerbebetriebs** ins elektronische Handelsregister (Amtsgericht), wenn eine kaufmännische Einrichtung vorliegt; besondere **Genehmigung** (Konzession, Erlaubnis) für bestimmte Gewerbezweige (z. B. Pfandleiher, Versteigerer, Bauträger, Makler, Spielhallen, Güterkraftverkehr, Reisegewerbe)

Aufgabe 47

Vor- und Nachteile der 1b-Lage

Vorteile	• geringere Ladenmiete gegenüber 1a-Lage • relativ hohe Passantenfrequenz nahe der Fußgängerzone • großer Einzugsbereich • gute Verkehrsanbindung und Erreichbarkeit
Nachteile	• beschränkte Erweiterungsmöglichkeit der Ladenfläche • attraktive Anziehungspunkte fehlen (z. B. große Kaufhäuser) • höhere Ladenmiete gegenüber Rand- und Außenlagen • in der Regel keine kostenlose Kundenparkplätze

Aufgabe 48

Personengesellschaft	Mindestens ein Gesellschafter arbeitet in der Unternehmung mit und haftet persönlich und unbeschränkt, d. h. mit seinem Privat- und Geschäftsvermögen. Deshalb ist bei der Gründung kein Mindesteigenkapital erforderlich. Beispiele: Offene Handelsgesellschaft (OHG), Kommanditgesellschaft (KG)
Kapitalgesellschaft	Gesellschafter wollen Kapital anlegen und haften nur mit ihrer Kapitaleinlage. Sie müssen nicht persönlich Geschäftsführungs- und Vertretungspflichten übernehmen, dazu wählen sie einen Geschäftsführer. Für die Gründung ist ein Mindesteigenkapital erforderlich (z. B. GmbH: 25 000,00 EUR; bei mehreren Gesellschaftern muss die Summe ihrer Einlagen mind. 50 % davon betragen). Beispiele: Aktiengesellschaft (AG), Gesellschaft mit beschränkter Haftung (GmbH).

Aufgabe 49

Vergleich KG und GmbH

	Kommanditgesellschaft (KG)	Gesellschaft mit beschränkter Haftung (GmbH)
Kapitalaufbringung	Mehrere Personen, mindestens **ein Vollhafter** (Komplementär) und **ein Teilhafter** (Kommanditist) bringen das Eigenkapital auf. **Kein Mindesteigenkapital** vorgeschrieben	**Mindestens eine Person** bringt das Kapital auf: • Mindeststammkapital: **25 000,00 EUR** • Mindeststammeinlage: 1,00 EUR.
Haftung	• **Vollhafter** haften unmittelbar, **unbeschränkt,** solidarisch und gesamtschuldnerisch. • **Teilhafter** haften **beschränkt** auf die Höhe ihrer Einlage.	**GmbH** haftet als juristische Person mit ihrem **Gesellschaftsvermögen**, Gesellschafter haften nicht unmittelbar (keine Durchgriffshaftung).
Geschäftsführung (Gf)	• **Vollhafter** haben das Recht der **Einzelgeschäftsführung,** bei außergewöhnlichen Geschäften ist die **Gesamtgeschäftsführung** notwendig. • **Teilhafter** sind von der Geschäftsführung **ausgeschlossen**; sie haben bei außergewöhnlichen Rechtsgeschäften ein **Widerspruchsrecht**.	• **Gesamtgeschäftsführung** durch **Geschäftsführer** (diese werden von der Gesellschaftsversammlung eingesetzt bzw. in der Satzung bestimmt, sie müssen keine Gesellschafter sein) • In einer GmbH mit mehr als 500 Arbeitnehmern wird/werden der/die Geschäftsführer vom **Aufsichtsrat** gewählt.
Vertretung	Jeder Vollhafter hat das Recht der **Einzelvertretung.**	**Gesamtvertretung** durch die Geschäftsführer

Aufgabe 50

Bei der Existenzgründung wichtige Steuerarten

Einkommensteuer	Direkte Steuer, Gemeinschaft-, Besitz- bzw. Realsteuer. Die Einkommensteuer wird auf den **Gewinn** jedes Gewerbetreibenden mit Sitz in Deutschland erhoben. Gewerbetreibende mit mehr als 500 000,00 EUR Umsatz oder 50 000,00 EUR Gewinn pro Jahr müssen den Gewinn mithilfe einer ordentlichen Buchführung ermitteln. Für alle anderen Gewerbetreibenden genügt eine Einnahmen-Überschuss-Rechnung auf einem amtlich vorgeschriebenen Vordruck (Anlage EUR).
Gewerbesteuer	Direkte Steuer, Gemeinde-, Besitzsteuer. Ausgangspunkt ist der für die Einkommensteuer ermittelte Gewinn von Gewerbebetrieben. Für Einzelunternehmer und Personengesellschaften gilt ein **Freibetrag** von 24 500,00 EUR. Der ermittelte **Gewerbeertrag** wird mit der Gewerbesteuermesszahl von 3,5 % belastet. Der errechnete Messbetrag wird mit dem Hebesatz der Gemeinde in Höhe von mindestens 200 % multipliziert. Bis zu einem Gewerbesteuerhebesatz von 380 % darf die Gewerbesteuer mit der Einkommensteuer verrechnet werden.
Umsatzsteuer	Indirekte Steuer, Gemeinschaft-, Verkehrsteuer. Der Umsatzsteuer (19 % bzw. 7 %) unterliegen **alle Leistungen,** die im Inland gegen Entgelt erbracht werden. Beim Einkauf zahlt der Einzelhändler Umsatzsteuer an seinen Lieferanten. Diese kann er vom Finanzamt wieder zurückfordern. Die gezahlte Umsatzsteuer heißt **Vorsteuer** und stellt eine *Forderung ans Finanzamt* dar. Beim Verkauf vereinnahmt der Einzelhändler eine **Umsatzsteuer**, die er ans Finanzamt abführen muss. Sie stellt eine *Verbindlichkeit ans Finanzamt* dar. Die Umsatzsteuer ist somit als durchlaufender Posten **erfolgsneutral**, da die vom Einzelhändler abzuführende Umsatzsteuer vom Kunden getragen wird und die selbst bezahlte Umsatzsteuer, Vorsteuer genannt, vom Finanzamt zurückerstattet wird. Der Einzelhändler führt jeden Monat lediglich die **Zahllast** (Umsatzsteuer – Vorsteuer) ans Finanzamt ab.

Aufgabe 51

Vor- und Nachteile der beruflichen Selbstständigkeit

Vorteile	Nachteile
• Selbstverwirklichung • Unabhängigkeit (keine Weisungen mehr befolgen müssen, sein „eigener Herr" sein) • Aussicht auf Gewinn und Reichtum • Vermeidung von Arbeitslosigkeit	• Gefahr der Selbstausbeutung (Überforderung, Überlastung) • Verantwortung für Beschäftigte • Verlustrisiko, Insolvenzrisiko • ggf. Haftung für Verbindlichkeiten mit dem Privatvermögen

Sachwortverzeichnis

Bildquellenverzeichnis

Steffi Becker, Bonn/Bildungsverlag EINS GmbH, Köln: S. 27

Behrla/Nöhrbaß GbR, Foto Stephan, Köln/Bildungsverlag EINS GmbH, Köln: S. 13 (2×), 42.2

Fotolia Deutschland GmbH, Berlin: S. 28.2 (Kuruan), 28.3 (Albo), 28.4 (Schlierner), 28.5 (Kuruan), 28.6 (Vladimir Kolobov), 32.1 (Gernot Krautberger), 32.2 (contrastwerkstatt), 35.1 (contrastwerkstatt), 45 (Marco Scisetti)

Intermec Technologies, Düsseldorf: S. 28.1

MEV Verlag GmbH, Augsburg: S. 9 (2×), 35.2, 39 (2×), 42.1